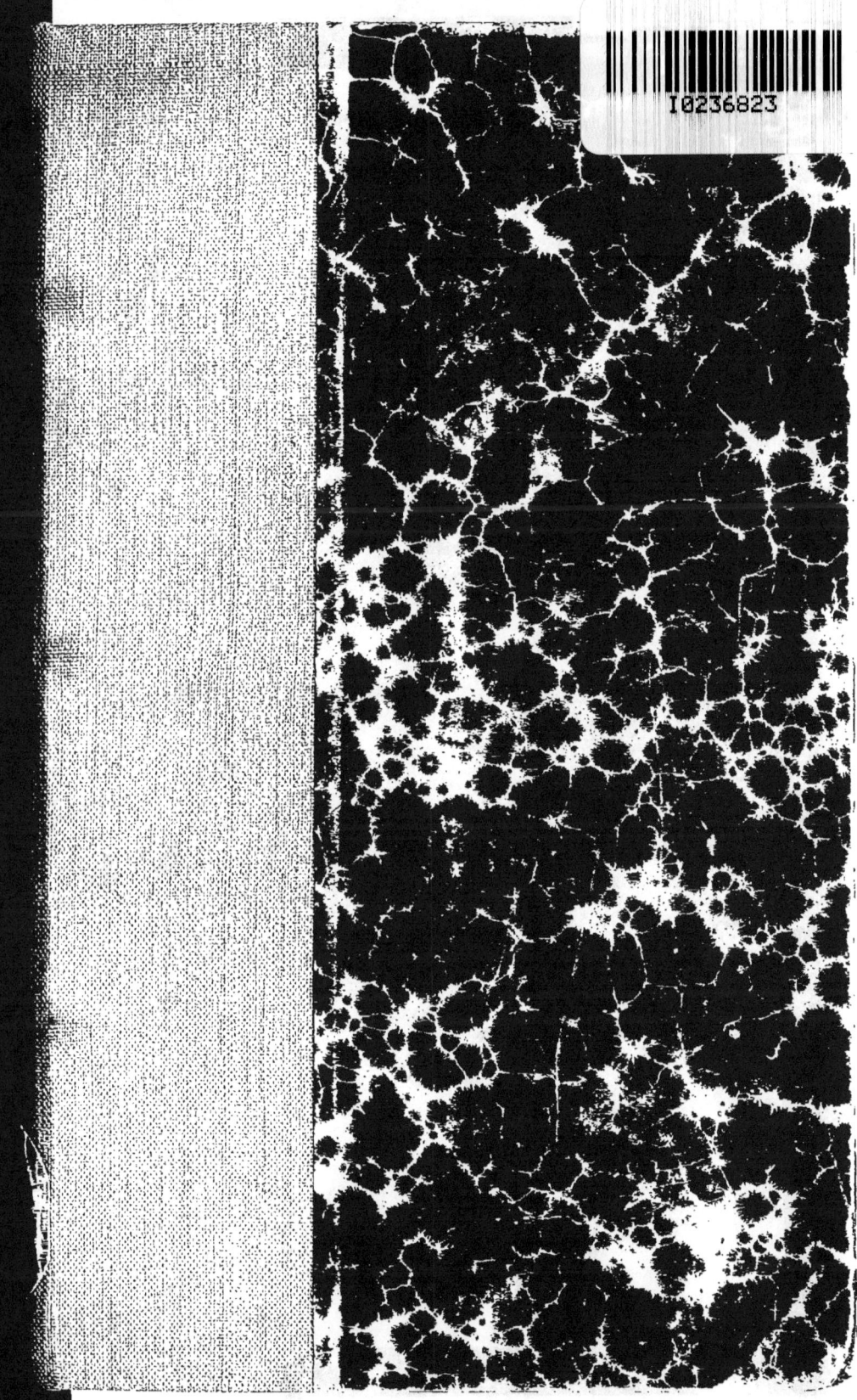

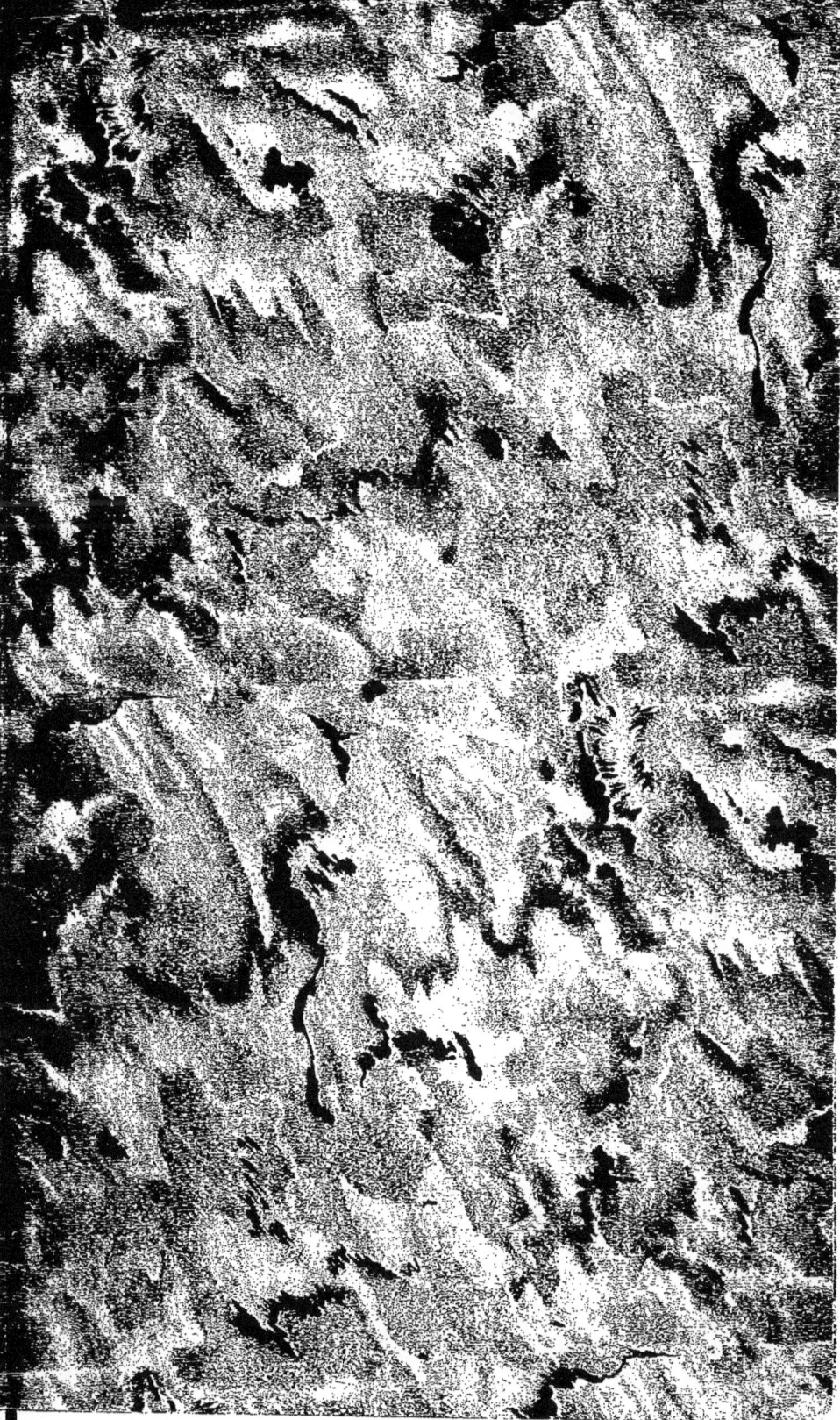

PARIS

# SOUVENIRS

D'UN

# ANCIEN PRÉFET

(1787-1848)

PARIS

E. DENTU, ÉDITEUR

LIBRAIRE DE LA SOCIÉTÉ DES GENS DE LETTRES

PALAIS-ROYAL, 15, 17, 19, GALERIE D'ORLÉANS

—

1886

SOUVENIRS

D'UN ANCIEN PRÉFET

Arcis-sur-Aube. — Imp. L. Frémont.

# SOUVENIRS

D'UN

# ANCIEN PRÉFET

1787-1848

PARIS
E. DENTU, ÉDITEUR
LIBRAIRE DE LA SOCIÉTÉ DES GENS DE LETTRES
PALAIS-ROYAL, 15, 17, 19, GALERIE D'ORLÉANS
—
1885
Droits de Traduction et de Reproduction réservés.

# AVANT-PROPOS

Depuis quelques années, le public accueille avec une curiosité bienveillante les souvenirs des personnes qui ont vécu au commencement de ce siècle et qui ont eu une part plus ou moins directe aux évènements contemporains.

Parmi ces autobiographies, il y a lieu de distinguer celles qui ont été rédigées avec l'intention de les imprimer, et celles qui, écrites sans arrière-pensée de publicité, n'étaient en quelque sorte qu'un coup-d'œil, jeté en arrière, dans cette période de la vie où l'homme arrivé au repos, après une carrière agitée, cherche à se souvenir des longues années qui ont passé si promptement.

Les Mémoires destinés au public sont peut-être d'une lecture attrayante; mais il ne faut pas oublier que, dans ce cas, l'auteur pose toujours un peu; il se met en évidence, il retouche les notes prises sur le fait, il amplifie, il ajoute des ornements oratoires et des réflexions qui ne lui sont venues que longtemps après; en un mot l'auteur a un rôle et il tient à le jouer de manière à être toujours en scène, au premier rang.

Les autres Mémoires, auxquels je faisais allusion, sont certainement plus modestes, mais aussi ils sont plus véridiques ; en face de lui-même, l'auteur ne pose pas ; il raconte ce qu'il a vu et entendu, ce qu'il a fait ; il résume ses appréciations sur les personnes : c'est une sorte d'examen de conscience.

Les Mémoires ou Souvenirs, édités depuis quelques années, émanent de personnages qui ont appartenu aux différents groupes formant la société française de la fin du XVIII$^e$ et du commencement du XIX$^e$ siècle. On y trouve des républicains, des émigrés, des impérialistes, des monarchistes antérieurs et postérieurs à la Révolution de 1830. Les Souvenirs de M. de Barthélemy commencent en 1791 et finissent en 1848 ; pendant cette période de plus d'un demi-siècle, M. de Barthélemy a rempli des fonctions civiles, modestes d'abord, pour s'élever ensuite aux premiers rangs de la hiérarchie.

A côté de détails inédits sur les hommes et les évènements, on trouve des notions curieuses sur les mœurs administratives d'une époque presque oubliée *aujourd'hui, bien que très voisine de nous. Pour la génération actuelle, pour celle qui se forme en ce moment, les faits qui se sont passés de 1800 à 1848 sont enveloppés d'un nuage aussi épais que les faits de 1750 à 1789 l'étaient pour la génération de 1800.*

*N'oublions pas que ces Mémoires sont une source précieuse à laquelle doivent venir ceux qui désirent connaître la véritable histoire. Avec les livres rédigés de parti-pris qui encombrent les bibliothèques; avec les récits fiévreux et passionnés de la presse périodique, l'incertitude se glisse partout. Il faut chercher les faits eux-mêmes, et cette recherche n'est fructueuse que dans les comptes-rendus officiels des assemblées politiques et dans les souvenirs intimes des contemporains.*

*Malmy, 20 Mai 1885.*

# SOUVENIRS

D'UN

# ANCIEN PRÉFET

## I

Enfance. — Révolution. — Jeunesse. — Séjours à Coiffy, à Toul. — Debuts de carrière à Mayence. — M. Reiset, receveur général.

(1787-1806)

En rappelant les souvenirs de mon enfance, je sais que, en dehors de ma famille, ils ne peuvent avoir qu'un intérêt bien médiocre. Ils sont nécessaires cependant parce que plusieurs faits caractérisent l'époque de la Terreur. Tout ce que je vais écrire, d'ailleurs, je l'ai vu ou entendu. Mais avant de commencer, et sans m'attarder à une plus longue préface, je crois devoir dire quelques mots de ma famille.

Nos papiers en établissent l'existence, à Langres, dès le milieu du XIVe siècle. Mon bisaïeul, Claude, épousa en 1713 sa cousine Agnès Le Gros, de Bourbonne, dont l'une des sœurs se maria avec M. Pavée de Provenchères qui occupait une position élevée dans l'administration de la guerre et jouissait d'une fortune très considérable. Cette situation lui permit de faire entrer dans la même carrière ses deux neveux et, grâce à lui, de bonne heure, mon grand oncle, Jean-Baptiste, et mon grand'père, Claude, furent investis des fonctions de directeurs des services militaires, l'un à Landau, l'autre à Belfort, où mon père est né en 1768 et moi le 8 mars 1787. M. Pavée, dont une rue de Paris porte le nom, était un homme d'affaires d'intelligence et d'esprit : il était, de plus, parent dévoué. Son petit-fils, M. Pavée de Vendeuvre, est devenu baron sous l'Empire et ensuite pair de France après avoir été longtemps député de l'Aube.

Mes premières années furent attristées par des pertes cruelles : ma mère enlevée par la variole au mois de septembre 1791, et dont l'image est toujours demeurée présente à mon souvenir, malgré mon jeune âge ; elle avait vingt-six ans ; elle était petite, avec un peu d'embonpoint, mais sa figure était remarquablement jolie et son teint charmant. Six mois après, mon grand-père était enlevé presque subitement ; c'était le type de l'homme de bien, pieux, bienveillant, intègre, de manières parfaites ; il était excessivement aimé et estimé, et j'ai pu constater, longtemps après, que sa mémoire n'était pas perdue à Belfort.

En 1792, j'habitais à Langres, chez mon grand-père maternel, Claude-Hyacinthe du Boys, avec lequel je passais chaque année une partie de l'automne. Les Prussiens venaient d'entrer en Champagne d'où la canonnade de Valmy devait promptement les repousser. Les Langrois effrayés, malgré la distance, et croyant à la prochaine irruption des ennemis, eurent l'idée originale, pour tout préparatif de résistance, de faire effacer les numéros des maisons, persuadés que les Prussiens seraient dans un grand embarras pour trouver les demeures indiquées sur leurs billets de logement. Ils n'eurent heureusement pas à faire l'expérience de l'ingénieuse idée de leurs fonctionnaires municipaux.

Peu après, mon père se remaria avec M$^{lle}$ de Michelet, fille d'un ancien membre du Conseil souverain d'Alsace, gendre de M. de Noblat, ancien subdélégué de la province et propriétaire du château de Sevenans, où le mariage fut célébré secrètement, dans une cave. Au retour de la belle saison, mon père alla présenter sa jeune femme à son grand-père ; j'étais du voyage. En revenant de Coiffy — où M. du Boys passait la saison d'été — à Belfort, nous fûmes arrêtés à Jussey par les municipaux et ce fut à grand'peine que mon père obtint de ces zélés républicains la permission de continuer sa route.

L'attachement de ma famille à la religion et à la monarchie était notoire ; aussi tous ses membres étaient-ils tenus pour suspects. Au mois de septembre 1793, mon père et mes deux oncles furent arrêtés : ceux-ci obtinrent promptement leur liberté, ou du moins la tolérance d'aller et de venir ; mais mon père, compromis, comme on le verra plus bas, par un incident assez futile, fut gardé à vue par un surveillant, à ses frais ; il ne recouvra la liberté que dix mois plus tard, à la chute de Robespierre. Toutes les démarches faites à Paris par les miens furent inutiles, bien qu'on s'adressât à une personne toute puissante en ce triste temps, qui avait l'obligation de ne rien nous refuser et qui n'a eu, plus tard, que mon père pour la secourir.

Je me rappelle les alternatives d'anxiété et d'espérance qui agitaient ma famille, suivant la nature des nouvelles qui arrivaient de Paris ; les exclamations suggérées par la lecture du journal qui apportait chaque matin la liste des victimes livrées au bourreau ont laissé une impression encore plus vive dans ma jeune mémoire. Les craintes trop fondées qu'inspiraient à ma famille la surveillance à laquelle elle était soumise et la prolongation de la détention de mon père, amenèrent, bien malgré eux, mes parents à quelques concessions aux folies de l'époque. Ainsi je fis partie du cortège d'enfants qui marchaient devant le char de la déesse de la Raison le jour de la proclamation du culte de l'Être suprême : nous étions vêtus de blanc, portant, chacun, suspendue au cou une corbeille remplie de feuilles de rose, comme pour la procession de la Fête-Dieu, et nous en lancions de temps en temps des poignées à la déesse.

Après le 9 thermidor, la Convention envoya par toute la France des délégués chargés de vider les prisons. Le représentant Foussedoire, homme relativement modéré, quoique régicide, arriva à Belfort (1794), et mon père fut promptement mandé devant lui. Vers 11 heures du soir on me réveilla et ma belle-mère m'expliqua, à la hâte et le mieux qu'elle put, les diverses pièces composant un jeu d'échecs : elle me recommanda de répondre, quand on m'interrogerait, que j'avais reçu récemment un jeu d'échecs que m'aurait envoyé l'abbé Gazez, comme jouet. Je fus conduit dans la maison où le représentant était descendu et j'y trouvai mon père, entouré des principaux membres de la Société populaire. Foussedoire était de taille ordinaire, maigre et pâle. La large écharpe tricolore qui entourait son chapeau rond attira mon attention. Il me prit sur ses genoux et me demanda avec douceur si un jeu d'échecs m'avait été donné : je répondis affimativement, en indiquant tant bien que mal la forme des pièces : on me fit sortir, puis après mon père vint me prendre : il était libre et rentra dans sa maison en me portant sur ses bras. Voici l'explication de cet incident : mon père était lié depuis longtemps avec l'abbé Gazez, jésuite, sur lequel même il avait des vues pour mon éducation. L'abbé ayant refusé de prêter le serment constitutionnel, avait dû quitter la France. Retiré à Bâle, il avait adressé à mon père une lettre lui annonçant l'envoi d'un jeu d'échecs pour mon amusement, et faisait allusion, au moyen de phrases à double sens, aux opérations militaires sur les bords du Rhin. Cette lettre, tombée entre les mains des Jacobins, était plus que suffisante pour motiver l'arrestation de mon père et l'exposer à être envoyé à Strasbourg ou à Paris d'où l'on revenait plus. Ce simple récit ajoute, ce me semble, un trait caractéristique de ce triste temps à tous les faits historiques que nous en connaissons. C'était, en effet, une idée bien digne de cette époque que celle de réveiller pendant la nuit un enfant de sept ans pour l'appeler en témoignage contre son père. Je n'accuse ici que le temps, nullement Foussedoire dont les intentions étaient favorables à mon père.

Foussedoire avait à remplir sa mission sur un théâtre bien plus important que la petite ville de Belfort ; c'était à Strasbourg où les prisons étaient tellement remplies, que sans les exécutions quotidiennes auxquelles présidait l'impitoyable Schneider, depuis longtemps, il n'y aurait plus eu de place. Foussedoire, auquel mon père avait plu, apprenant que la famille de ma belle-mère habitait alors Strasbourg et y occupait une situation considérable, s'adjoignit mon père comme secrétaire. Singulier hasard ! celui qui la veille encore était prisonnier et gravement menacé, devenait le lendemain une puissance par la confiance qu'il avait inspirée ; il concourait, quelques jours plus tard, à ouvrir, comme il se plaisait à le dire, les portes des prisons à deux battants, en faisant mettre tous les détenus en liberté. Peu après, Foussedoire, reconnaissant, fit nommer mon père commissaire-général des services administratifs de l'armée du Rhin avec rang de général de brigade : il remplit ces fonctions pendant deux ans et il eut la satisfaction de remettre partout l'ordre, singulièrement compromis avant lui, et d'assurer le ravitaillement de l'armée. Le 17 janvier 1795 il écrivait d'Alzey : « J'ai enfin réussi à faire substituer aux moyens révoltants des réquisitions ceux des achats. L'armée allait manquer : j'en ai prévenu le Comité de salut public qui s'est empressé d'envoyer ici Cox avec des pouvoirs illimités pour moi. Je lui ai soumis mon plan et aujourd'hui j'ai gagné ma cause. Cette opération m'est d'autant plus agréable que je puis me flatter d'avoir sauvé l'armée. »

Nous nous installâmes ensuite à Dommartin, près de Toul, dont mon père avait acheté le château. Tous les ans j'allai à Coiffy-le-Haut, chez mon grand-père du Boys, homme de bien et d'esprit, dont je conserve un doux souvenir ; sans lui je n'aurais jamais su ce que c'était que d'être un peu gâté. On l'appelait « le beau du Boys, » et ce n'était pas sans raison. Je vois encore la moue qu'il faisait quand on lui rappelait ce surnom, alors que les années n'en avaient laissé subsister que le souvenir.

Coiffy est un gros bourg situé à l'extrémité du plateau, long et assez étroit, d'une côte escarpée qui est un prolongement des montagnes des Vosges, à quelques kilomètres de Bourbonne-les-Bains. La position est très pittoresque : un large vallon suit au nord et au midi le pied de cette espèce de promontoire et le sépare des hauteurs en partie boisées qui se relèvent au-delà, tout en laissant à l'ouest une large échappée qui permet de distinguer les clochers de Langres. Les flancs de la côte de Coiffy forment un vignoble estimé. Les habitants de Langres étaient, en assez grand nombre, propriétaires dans ce bourg et y possédaient des maisons où ils venaient passer la belle saison. Dans ce village les familles Besancenet, des Barres, Moreau du Breuil de Saint-Germain, Legoux, Barthélemy, Maignien, du Boys, Chauchart, Clergé, Lacordaire constituaient une société nombreuse : les réunions étaient fréquentes et gaies : c'étaient des amis qui se recevaient simplement ; tout le monde s'y traitait de cousin. Cette familiarité n'allait pas jusqu'au sans-gêne : elle se conciliait avec cette politesse, cette bonne éducation dont j'ai vu les derniers représentants. Il y a encore aujourd'hui beaucoup de personnes bien élevées assurément, mais elles le sont autrement et ne me rappellent en rien le type qui est gravé dans mon souvenir.

Si la Révolution n'avait pas encore détruit les bonnes relations entre les familles que je viens de citer, les divers genres d'opinion les avaient cependant altérées. Très peu des habitants de Coiffy approuvaient les errements de la Convention et du Directoire, mais beaucoup se faisaient remarquer alors par leur prudence. Ils n'imitaient pas mon grand-père et ma tante Gabrielle de Barthélemy, qui, malgré les menaces de la loi, ne craignirent jamais de recevoir et même de garder chez lui les prêtres fugitifs et ne dissimulait pas ses opinions religieuses et politiques.

Rien de plus difficile que l'éducation d'un

jeune homme, alors qu'il n'y avait pas d'autre établissement d'instruction que les lycées dont les professeurs, généralement dépourvus d'instruction, étaient d'une moralité déplorable. Mes parents résolurent de me conserver auprès d'eux, en me plaçant sous la direction d'un jeune prêtre, nommé Renard, originaire de Damblain, dont le frère acheta à Bourbonne une habitation occupée encore aujourd'hui par ses descendants : l'un d'eux a été député sous le gouvernement de Juillet. L'abbé Renard, qui avait été ordonné par l'évêque constitutionnel de la Haute-Marne, était rentré dans le giron de l'église, car M. du Boys n'aurait jamais agréé un prêtre « jureur. » Il avait 27 ans : sa piété, sa moralité, ses bonnes intentions étaient incontestables, mais il ne suffit pas d'être un homme de bien pour remplir la mission dont il s'était chargé ; quand il me quitta, au bout de cinq ans, je savais un peu de latin, très imparfaitement l'orthographe, passablement l'arithmétique, à peine l'algèbre, mais nullement les mathématiques, malgré mes efforts personnels, puisque mes parents songeaient à me faire entrer à l'Ecole Polytechnique, ni l'histoire : quant à la littérature, à peine savais-je que Racine était un poëte tragique et Molière un comique.

L'abbé Renard me quitta à l'automne de 1802 pour être vicaire du curé de Lunéville auquel il succéda plus tard. Pendant près de cinquante ans, il y exerça les fonctions sacerdotales avec une piété, un zèle et un dévouement qui lui concilièrent l'estime universelle. Il a fondé des établissements utiles et son souvenir durera longtemps. Il est mort plus qu'octogénaire, après avoir reçu la croix de la Légion d'honneur.

Je n'ai pas voulu interrompre ces détails sur mon éducation afin de ne plus avoir à y revenir. Je vais dire maintenant quelques mots de ce qu'était alors la société d'une petite ville comme Toul, où nous passions les hivers.

On peut affirmer que, pendant la Terreur, on n'avait ni respiré, ni vécu en France. Tout changea sous le Directoire, et le besoin d'écarter de douloureux souvenirs, en rentrant dans les conditions ordinaires de la vie sociale, était ressenti par tout le monde. Dans cette disposition d'esprit, la société française chercha à s'amuser à tout prix, mais en subissant l'influence de mauvais exemples qui partaient d'en haut. On la vit ne pas s'arrêter au plaisir, mais aller jusqu'à la licence et substituer à sa politesse proverbiale, cette liberté de manières, de langage, de costume, ce sans-gêne dans les relations des deux sexes qui caractérisèrent si tristement cette période.

A Toul, les réunions étaient fréquentes, surtout chez la comtesse de Magnac qui s'y était fixée depuis quelques années avec son mari, ancien officier de cavalerie : elle était fille de M. de la Framboisière, lieutenant du roi à Vaucouleurs. J'ai vu peu de femmes plus attrayantes et dont le charme fut plus persistant : son empire sur tous ceux qui l'approchaient était irrésistible. Chez elle, les dîners, les bals, les pique-niques se succédaient sans interruption : une semaine ne se passait pas sans quelques distractions bruyantes. Sa maison était le rendez-vous de ceux qui voulaient s'amuser : on y venait de Nancy et de Bar. Dans cette société, les hommes ne dissimulaient pas leur désir de plaire et ils n'avaient pas lieu de désespérer. Le langage était leste et même les femmes les mieux nées ne se privaient pas de souligner leurs récits d'une expression énergique : l'exhibition de leurs charmes était complète, grâce à leurs robes artistement étriquées. Je remarquai un danseur infatigable qui est devenu depuis un grave magistrat, M. T., toujours vêtu à la dernière mode : culotte de satin noir, bas de soie blanc, gilet de couleur, assez court pour qu'une bande de la chemise parût entre les deux vêtements. L'apparition de ce tissu de fine toile fut trouvée du meilleur goût et j'ai entendu les dames s'extasier sur cette suprême élégance que, à Paris, adolescent, je trouvais absolument ridicule.

Cette joyeuse existence à quelques pas de la maison paternelle — mes parents avaient un hôtel sur la place Dauphine — et dont mon père et ma belle-mère prenaient volontiers leur part, devait naturellement y exercer son influence. Mes parents recevaient la même société, mais les fêtes bruyantes y étaient plus rares et il faut reconnaître que le ton y était meilleur ; aussi s'y amusait-on beaucoup moins.

Le premier événement important qui me frappa vivement fut la nouvelle de la bataille de Marengo. Le bulletin de cette grande victoire est le premier que j'ai lu et l'impression que j'en ai reçu n'est point encore effacée : elle fut même telle qu'elle me donna subitement le goût de la lecture et particulièrement la curiosité de l'histoire qui m'a été si utile dans ma jeunesse et que je suis si heureux d'avoir conservée.

Je n'avais pas encore quatorze ans : mes parents se préoccupaient déjà d'une carrière pour moi. Après avoir renoncé à l'Ecole Polytechnique, on me parla de m'engager dans un régiment de cavalerie. J'y répondis en déclarant consentir si on me promettait un brillant avancement ou une mort glorieuse ; et la netteté de ma réponse a clos ma carrière militaire. On se souvint alors des relations intimes de la famille de ma belle-mère avec M. Reiset, qui, à la création des receveurs généraux, avait été nommé à Colmar et dont le fils obtint peu après le poste important de Mayence, chef-lieu du département du Mont-Tonnerre. Ce dernier m'agréa volontiers pour travailler dans ses bureaux.

Mes préparatifs furent promptement faits. Mon père me donna de longs et affectueux conseils, et, le 30 germinal an XI, je pris place dans la diligence qui devait en deux jours me conduire d'abord à Strasbourg. J'étais fortement ému, mais le mouvement changea heureusement le cours de mes idées : je remarquai un de mes compagnons qui m'adressa la parole avec bienveillance. C'était un homme d'une trentaine d'années, bien de sa personne, de bonne façon, causant agréablement et avec réserve. Il me conta qu'il était émigré et qu'il venait de rentrer en France dans l'espoir d'épouser une de ses cousines qu'il aimait. Nous descendîmes à Strasbourg, à l'hôtel du Corbeau, où il ne restait plus qu'une chambre à deux lits. Nous nous y installâmes. Deux jours me séparaient du départ de la diligence de Landau : je les passai agréablement, grâce aux nombreux parents et amis de ma famille. Je me souviens cependant d'une véritable humiliation que j'eus à subir en dînant chez M. Hermann, maire de la ville. A cette époque en Allemagne on ne mangeait presque pas de pain ; on m'en donna donc un morceau gros comme un œuf : il disparut vite : j'en demandai un second, puis un troisième, tous d'aussi menue dimension: découragé, je n'osai plus recourir à l'obligeance des domestiques et, faute de pain, je me trouvai avoir dîné fort mal.

Cependant j'avais à peine vu mon compagnon de voyage ; il ne paraissait même pas me rechercher, rentrait tard, et me regardait avec une attention embarrassée. Je ne le vis pas avant mon départ, et, en arrivant à Mayence, ayant voulu rendre compte de l'argent que j'avais reçu de M. Charles de Michelet, frère de ma belle-mère, en comptant chez M. Reiset, je m'aperçus que cinq des vingt louis que j'avais serrés dans mon gousset avaient disparu. Pendant bien des années je n'ai pas douté que M. de X. n'eût abusé de mon imprudence ; depuis, l'idée me vint qu'un autre aurait bien pu s'introduire dans notre chambre, c'est pourquoi je ne désigne pas le nom de mon compagnon. En 1813 il fut placé dans les douanes en résidence près de Lunebourg dont j'étais alors sous-préfet : il se présenta à moi avec une lettre de M. Fortin qui avait épousé une cousine-germaine de ma belle-mère et dont je parlerai plus tard. Je le reconnus parfaitement : je l'accueillis, il revint et je le priai à dîner. La pensée d'amener, au dessert, la conversation sur l'aventure de Strasbourg me traversa l'esprit, mais je la repoussai, ne pensant pas que je pusse aborder ce sujet du moment où j'avais admis M. de X. à ma table. Sous la Restauration je le rencontrai plusieurs fois chez M. Fortin : il était alors capitaine-adjudant du Palais, décoré de Saint-Louis, de la Légion-d'honneur et du Lys ; son uniforme était neuf, ses épaulettes brillantes et son aplomb sans mesure.

M. Reiset me reçut avec une grande bienveillance et m'installa dans ses bureaux. Je copiais des correspondances, je tenais les registres et j'expédiais les états de comptabilité. Ce travail, joint à l'étude de la langue allemande, absorbait presque tout mon temps. On me traitait bien, ainsi qu'on l'avait promis, comme un membre de la famille : je faisais souvent la partie d'échecs de M. Reiset ou de son beau-frère, M. Levasseur, qui lui servait de caissier. Le premier était millionnaire et ne laissait aucun repos à son violon ni à mes oreilles : son coup d'archet me faisait réellement l'effet d'un cousin qui voltige sans cesse autour de moi. Madame Levasseur jouait du piano médiocrement, mais continuellement. Enfin Madame Martellière, femme d'un inspecteur aux revues et sœur aînée de M. Reiset, très forte musicienne, venait trop souvent exercer sur le piano de sa sœur son infatigable vigueur. J'ai toujours attribué au temps que j'ai passé dans ce milieu trop harmonieux, mon peu de goût pour la musique ; là, j'en ai été rassassié pour toute ma vie.

Je tenais les écritures particulières de M. Reiset : je puis donc constater facilement qu'à cette époque il ne possédait pas personnellement plus de 50,000 francs. J'ai passé trois ans et demi avec lui : quoiqu'il fût très intéressé, il a toujours fait preuve de la plus scrupuleuse délicatesse, mais cela ne l'a pas empêché d'amasser une grosse fortune. Trente ans environ plus tard, il est mort receveur général à Rouen, laissant, dit-on, plus de six millions après en avoir eu davantage. Il était aussi laborieux, aussi habile en affaires, aussi intelligent qu'il était honnête.

Au mois de septembre qui suivit mon installation je commençais à faire, par le bateau, de fréquentes courses à Francfort pour y aller changer des louis d'or, bien que ce fût défendu par la loi : on bénéficiait ainsi de 50 à 60 centimes par louis, et M. Reiset m'en remettait ordinairement deux milles chaque fois. Du reste, malgré les prohibitions, cela était parfaitement toléré et, souvent, le receveur principal me prit dans sa voiture pour me faire traverser le pont, et m'éviter tout risque d'une visite indiscrète de ses agents. Un jour que je revenais, je me trouvai sur le bateau avec trois jeunes étudiants de Gottingue ; l'un d'eux m'adressa la parole en me disant qu'ils étaient de Mayence, qu'ils venaient passer leurs vacances dans leur famille, et aussitôt on me demanda si, depuis leur départ, il ne s'était pas passé quelques petites aventures dans cette ville. Il y avait alors à Mayence une famille dont le chef, M. de M..., avait été conseiller aulique du dernier Electeur et qui avait épousé une veuve aimable et remarquablement belle ; très débonnaire, il laissait sa femme donner librement carrière à ses galanteries dont on n'était plus à calculer le nombre ; elles étaient le sujet de toutes les conversations. Parmi ses heureux adorateurs, avait figuré mon oncle quand il était secrétaire de la légation de France à Mayence. Je ne me permets de mentionner son assiduité auprès de Madame de M... que parce que lui-même n'en faisait aucunement mystère. A la question de ces jeunes gens, plus d'une belle mayençaise me vint à la pensée, mais le nom de Madame M... fut la première. Aussi je répondis à mon compagnon de suite que je savais sans doute plus d'une historiette, mais qu'il y en avait une dont l'héroïne était plus particulièrement en renom. Pressé de la nommer, je sentis tout d'un coup que j'allais peut-être commettre une grave imprudence : je me tus, et sus résister aux instances dont je fus littéralement et longuement assailli. Bien m'en prit, car au moment de nous séparer j'appris que ces jeunes étudiants étaient, tous les trois, fils de Madame de M... Je les ai connus plus tard et je fus bien accueilli par leurs parents.

Au mois de novembre, je perdis à Coiffy ma grande-tante Gabrielle et mon grand-père du Boys : je ne pus aller leur rendre les derniers devoirs : je les aimais tous les deux et je n'ai jamais oublié ce qu'ils ont été pour moi.

Ma position chez M. Reiset me fit admettre dans la société des fonctionnaires et aux réunions habituelles de l'hiver ; on n'avait pas oublié les qualités sérieuses de mon oncle et j'en recueillis le bénéfice par les plus flatteuses relations. Je rencontrai à cette époque, à Mayence, trois régicides qui présentaient trois types bien divers : Albitte, sous-inspecteur aux revues, dont l'air mélancolique semblait nettement indiquer les remords ; Duhem, médecin en chef militaire, dont la figure jacobine et la rudesse annonçaient un sentiment très opposé; enfin Jean Bon-Saint-André, préfet du département, homme d'esprit, orateur discret, gracieux, et ne songeant qu'à se signaler par un dévouement sans limite à l'Empire dont il devait bientôt devenir l'un des premiers barons. Il était beau-frère du sénateur Sers, père de deux frères que nous avons vu préfets sous le gouvernement de Juillet. Ma liaison avec le baron Sers, préfet de la Gironde, remonte à cette époque; il était attaché au cabinet de son oncle.

Il y avait alors, dans les pays conquis, des agents chargés, pour la caisse d'amortissement, de la vente des biens de mainmorte appartenant au clergé où à l'Etat. A Mayence, c'était un M. Godefroy, homme âgé, très fin, très rusé même, et du commerce le plus agréable. Il remarqua les goûts mélomanes de M. Reiset, étudia son caractère et se promit d'en tirer parti au profit de sa fille unique, jeune, assez jolie, un peu minaudière, qui jouait du piano et chantait médiocrement. Il la fit venir et elle fut bien reçue par la sœur de M. Reiset. Celui-ci avait 34 ans et sa conduite était d'une austérité extraordinaire; aussi à peine eut-il vu la jeune fille, qu'il en tomba amoureux : la musique fit le reste. Je vois encore ce couple devant le piano : M. Reiset jouant une partition, Mademoiselle Colette l'accompagnant : tout d'un coup le sentiment l'emportait ils s'interrompaient sans s'en apercevoir et chantaient pendant quelque temps, devant tout le monde, des paroles qu'on entendait pas, mais qu'on devinait facilement. Ce spectacle était réellement divertissant, ; jamais amoureux ne furent plus épris. Il ne fut plus question que de fixer le jour de la noce. M. Godefroy pour exciter plus encore la passion de M. Reiset, emmena brusquement sa fille à Paris. mais celui-ci se hâta d'aller l'y rejoindre et le mariage eu lieu peu après. Cet événement amena un notable changement dans mon existence : à son retour M. Reiset me prévint que je devais chercher un logement en ville, désireux de demeurer seul avec sa femme qu'il adorait de plus en plus. On m'en indemnisa en me confiant le travail de la recette particulière de l'arrondissement avec 1350 fr. de traitement.

Je crois devoir placer ici quelques lignes d'une lettre écrite par moi à mon père pour lui donner des détails demandés par lui, sur le séjour de l'empereur à Mayence (10 mai 1804), d'où il partit pour aller vaincre à Austerlitz.

« J'ai vu l'Empereur trois fois : j'ai trouvé comme tout le monde qu'aucun de ses portraits ne lui ressemblait : il est très engraissé et promet un long règne. Toutes les autorités constituées lui ont été présentées et il a fait à chaque chef d'administration des questions si singulières et si peu prévues sur sa partie qu'ils ont tous été fort embarrassés de répondre. Ainsi le préfet l'a été beaucoup quand l'empereur lui a demandé le nombre des mines qu'il y a dans le département. Il en existe en effet, mais le préfet y avait attaché peu d'importance. Puis il veut qu'on établisse partout des raffineries à sucre, afin de n'être plus à la discrétion des Anglais. Tous les petits princes allemands sont venus ici lui présenter leurs hommages : il leur faisait faire antichambre et, lorsqu'ils avaient trop peu d'importance, il leur refusait audience. L'Impératrice est partie hier pour Strasbourg et l'Empereur partira demain. Le spectacle français est ce qui m'a le plus frappé. *Phèdre*, *Andromaque* et les *Horaces* joué par Lafond, etc. C'est à une de ces représentations que j'ai vu l'Electeur palatin, archevêque d'Aschauffembourg, (ancien électeur de Mayence) assister en costume ecclésiastique de ville, debout, derrière le fauteuil de l'Empereur.

« L'Empereur a fait faire dimanche de grandes manœuvres aux troupes : elles ont été sous les armes depuis 9 heures du matin jusqu'à 7 heures heures du soir. L'Empereur a reçu une foule de pétitions qui toutes ont été payées de bonnes paroles ; nous en verrons l'effet. »

Au commencement de 1806, M. Reiset m'attacha à son cabinet et me remplaça à la recette particulière. Ce changement accompli brusquement et sans me prévenir, me déplut extrêmement et je le fis connaître très nettement à mon père. Je restai cependant à mon nouveau poste. Au mois de septembre je revis, à Mayence, l'Empereur qui, quelques jours après, écrasait les Prussiens à Iéna. L'effet de cet événement fut immense et quand je me rappelle l'enthousiasme qu'il excita et celui qui se manifeste de nos jours, je trouve celui-ci bien faible en comparaison de ce qu'on ressentait autrefois.

## II

Aix-la-Chapelle. — Alex. de Lameth. — Madame Sophie Gay. — Séjour à Paris. — Le comte de Cetto. — Le maréchal Oudinot. — Démêlés avec la police. — Le roi de Bavière. — Démarches pour être admis au Conseil d'État. — François de Neufchâteau. — Le comte Defermon. — Le baron Quinette.

(1806-1811)

Mon séjour à Mayence touchait à sa fin. Le 14 novembre 1806 mon père me prévint que le général Alexandre de Lameth, préfet de la Roëre, m'admettait dans ses bureaux, faveur que je devais à M. de Michelet, depuis peu nommé président du tribunal civil de Coblentz. J'étais satisfait de ce changement qui parut surprendre désagréablement M. Reiset. Le 27 j'étais à Aix-la-Chapelle où le général m'accueillit avec une extrême bienveillance : son intérêt affectueux pour moi du reste ne se démentit jamais : ce sont ses excellents conseils qui m'ont amené à combler les lacunes de mon instruction et, par conséquent, c'est à lui que je suis redevable de ce que je puis valoir et de ma carrière. Je n'ai rencontré personne qui eut l'air plus digne, plus grand seigneur même, avec une éducation complète et des manières simples. Il avait alors 47 ans, et quoique plus fatigué que cet âge ne le comporte, il était encore bien de sa personne. Son esprit était plus judicieux que brillant : sa parole réservée et gracieuse, son caractère bon et loyal inspiraient la confiance. Il aimait les jeunes gens et se plaisait à en avoir autour de lui, à les diriger, à les protéger et à en faire comme une pépinière administrative : O'Donnel, La Tourette, Montozon habitaient la préfecture : Croneau et moi, nous étions en ville. Cette différence de situation n'excitait ni jalousie, ni envie ; au contraire, une véritable confraternité s'établit entre nous et elle ne s'est jamais démentie. La nomination de La Tourette à une sous-préfecture et celle de notre chef à la préfecture de Turin, en 1808, nous ayant séparés, nous nous sommes toujours recherchés avec empressement, revus avec plaisir et traités comme des amis. Nous formions un faisceau que la bonté, puis le souvenir, de M. de Lameth ont empêché de se rompre. La Tourette a été préfet comme Croneau. Montozon, pair de France sous le gouvernement de Juillet. O'Donnel, conseiller d'Etat.

Je fus placé au bureau des contributions directes et du cadastre, comme sous-chef, avec 1200 fr. d'appointements : mon père y ajoutait 800 fr. par an.

L'accueil de M. de Lameth me procura les meilleures relations : tous les salons nous étaient ouverts : il n'y avait pas de bals, pas de fêtes sans nous ; les distractions ne m'empêchaient pas de m'appliquer à mes nouvelles occupations et M. de Lameth en témoigna sa satisfaction à mon père dans une longue lettre où il l'engageait à me pousser vers la carrière des finances. Un jour même qu'il était seul avec moi, et me félicitait de mon zèle, il ajouta, avec une bienveillance toute paternelle, qu'il fallait, si je voulais me créer sérieusement une carrière, que je travaillasse à combler les lacunes de mon éducation : il m'indiqua ce que j'avais à faire, les livres que je devais lire ; il finit par me dire que, pour me laisser la liberté d'étudier, il me dispenserait de m'astreindre exactement aux heures des bureaux, s'en rapportant à moi de l'emploi de mon temps. Profondément touché de cette sollicitude, je me mis ardemment au travail : je repris le latin, je repassai mes classes, je refis mon histoire en dressant un tableau synoptique général. J'appris à connaître nos auteurs classiques, nos philosophes du dernier siècle : souvent je restais ainsi à travailler chez moi jusqu'au milieu de la nuit : pendant vingt-huit mois que je passai à Aix, je ne me suis pas écarté un jour de la ligne que M. de Lameth m'avait tracée. Souvent, quand nous étions seuls, il s'informait de ce que je faisais, se rendait compte de mes progrès et m'encourageait par les conseils les plus utiles et les plus affectueux.

J'allai beaucoup alors chez M. Gay, receveur général. Sa femme, Sophie de la Vallette, après avoir divorcé avec un M. de Lioter dont elle avait eu deux filles, avait été, avec M$^{mes}$ de Beauharnais, Hamelin, Récamier, une des « déesses du Directoire » et s'était remariée ensuite avec un savoisien colossal nommé Gay, d'une figure agréable, mais aussi épais de corps que d'esprit ; la belle recette dont il était titulaire le mettait à même de mener grand train, l'été à Aix et l'hiver à Paris. Cette existence était fort goûtée par Mme Gay : elle s'abandonna trop à sa passion pour le luxe, car pendant un séjour que Madame Bonaparte fit à Aix, sous le Consulat, cette dernière ne vit pas sans jalousie un pareil faste qui semblait effacer la distance existant alors entre les deux anciennes amies. Madame Bonaparte avait accepté cette égalité à la cour de Barras, mais, à cette heure, les rôles étaient bien changés et la femme du premier consul n'oublia jamais la blessure faite à son amour-propre féminin en cette circonstance. Du reste si M$^{me}$ Gay a manqué de tact dans sa conduite avec Joséphine, le jugement lui fit également défaut pour la gestion de sa fortune, car ses dépenses empêchaient son mari de faire aucune réserve pour l'avenir ; les événements de 1814 trouvèrent ce fastueux ménage dans une grande gêne.

M$^{me}$ Gay, quand j'arrivai à Aix, avait 35 ans, à ce qu'elle disait elle-même. Sa physionomie vive, mobile, pétillait d'esprit, mais d'un esprit plus malin que fin. Sa taille était belle, sa figure régulière, son air impérieux, le ton décidé, la parole prompte, la réponse vive, l'allure un peu masculine n'auraient pas été goûtés à la cour de Louis XIV. Elle animait ses salons, mais amusait plus qu'elle n'attirait à elle. Sa maison était ouverte tous les soirs : la société y était nombreuse et de joyeuse humeur. On y jouait au wisht, au quinze et à la bouillotte : à onze heures, quand les personnes sérieuses s'étaient retirées et qu'il ne restait plus que les intimes, c'est-à-dire M. de Lameth et son état-major, dont je faisais partie, quelques amis venus de Paris, comme M. de Pontécoulant ; lors qu'enfin le maître du logis était allé se coucher, alors commençait la seconde, la vraie soirée qui se prolongeait au moins jusqu'à deux heures et que nous trouvions toujours, grâce à l'entrain de M$^{me}$ Gay, trop courte. C'était des anecdotes vivement contées, des chansonnettes, des petits vers, souvent passablement gaulois ; puis on mettait les tables de jeu l'une au bout de l'autre pour installer un souper fort simple où chacun se plaçait à sa guise, mangeant, riant et causant à qui mieux mieux. Je me rappelle deux couplets composés et chantés par M$^{me}$ Gay dans ces réunions intimes : si je les cite, ce n'est certes pas pour les présenter comme modèles de style et de goût, mais pour donner une idée d'une société présidée par une déesse du Directoire. J'ai parlé plus haut de M. de Montozon : originaire du midi, il avait l'imagination vive de son pays, l'accent un peu gascon et il aimait à conter des histoires peu vraisemblables. Un soir une chanson en cinq ou six couplets retentit tout à coup dans le salon : en voici un :

>En passant par l'Estramadure,
>En franc amateur du gibier,
>On avait mis sur la voiture
>D'œufs de perdrix un plein panier.
>Mais la chaleur était horrible :
>De chacun sortait un petit,
>— Eh ! messieurs, ce n'est pas possible !
>— C'est Montozon qui me l'a dit !

Une autre fois encore les tables à jeu étaient alignées et le souper servi. Je pris place au bout : M<sup>me</sup> Gay se mit à gauche et un intime de la maison à droite : des regards sympathiques s'échangèrent aussitôt entre mes deux voisins et je sentis un petit pied effleurer mon pied gauche en même temps qu'une pareille attaque s'effectuait à ma droite. Je ne fis mine de m'en apercevoir mais pendant assez longtemps je répondis à ces tendres pressions : les intéressés ne s'apercevaient de rien, quand au milieu d'un rire général provoqué par je ne sais quelle saillie, je me levai en retirant ma chaise de façon à ce qu'ils vissent clairement que j'étais en tiers dans leur petit manège. Ils se regardèrent d'un air surpris, jetèrent sur moi un coup d'œil qui n'indiquait aucune mauvaise humeur, et de fait ils ne m'en gardèrent pas rancune [1].

Cette vie de plaisir ne m'empêchait pas de travailler et même de manière à satisfaire pleinement M. de Lameth qui écrivait le 20 mai 1808 à mon père : « Sa conduite, disait-il en parlant de moi, est parfaite : il travaille avec assiduité et s'est rendu assez capable pour être chef dans la partie du service que je lui ai confiée : il ne voit qu'une bonne compagnie et il a su se concilier l'affection et l'estime des personnes les plus recommandables de la ville. »

J'apportai cette lettre à mon père et, pendant mon séjour en Lorraine, je fus présenté au ma-

---

[1]. Je rappellerai un mot de M<sup>me</sup> Gay en réclamant l'indulgence pour sa verdeur. Revenant de Paris, j'avais été chargé de rapporter un paquet et une lettre à M<sup>me</sup> L... Il paraît que la lettre devait être remise particulièrement à sa destination : je n'y vis pas malice et déposai le tout sans retard au logis du ménage. Cela occasiona un orage des plus violents : Madame Gay me tança de la belle façon, en me disant avec un air que je n'ai jamais oublié : « J'aimerais mieux coucher avec quatre hommes que d'écrire une lettre ! »

réchal Oudinot qui était venu passer quelques jours chez M^me de Magnac; il m'accueillit fort bien et on verra quelle heureuse influence il eut sur ma carrière. A mon retour à Aix, je trouvais plusieurs personnes étrangères amenées par la belle saison aux eaux. La comtesse de Canisy, première lectrice de l'Impératrice et la comtesse de Rémusat, femme d'un préfet du Palais et dame de l'Impératrice également. M^me de Canisy, déjà divorcée, avait environ 27 ou 28 ans et était une des personnes les plus parfaitement belles que j'aie vues. M^me de Rémusat, plus âgée, moins jolie, était remarquable par son esprit et paraissait le chaperon de sa ravissante compagne. La première, devenue plus tard duchesse de Vicence par son second mariage, ne savait pas valser; elle en reçut les premières leçons de moi et d'un élégant officier, le capitaine Roussel, que je retrouvais plus tard maréchal de camp à Vesoul, ne ressemblant plus à ce portrait de jeunesse.

Je me plaisais naturellement beaucoup à Aix, mais le temps marchait et il fallait songer à me créer une carrière définitive. La nomination de M. de Lameth à la préfecture du Pô le décida à se rendre à Paris. Je quittai Aix le 29 mars 1809, regrettant sincèrement quelques maisons où j'avais été réellement comblé de bontés. A Paris je ne voulus pas perdre une heure et je me rendis sans retard chez mon ancien chef. Là, j'éprouvai une déception qui m'attrista profondément : j'étais encore trop jeune pour ne pas voir tout en beau, hommes et choses. L'un de mes collègues avait su prendre sur M. de Lameth une influence à laquelle j'avais depuis longtemps prétendu et je ressentis vivement le chagrin de voir qu'il ne songeait pas à m'emmener dans sa nouvelle résidence, comme il me l'avait plusieurs fois promis. Ce nuage dura peu cependant et la bonté de M. de Lameth lui fit promptement comprendre sa petite injustice ; il redoubla même ses témoignages d'amitié et de confiance en me mettant au courant de ses affaires les plus intimes chaque fois qu'il me menait à Orsny chez son frère Charles ; enfin, c'est lui qui me fit entrer comme attaché au ministère de l'intérieur. Ce premier pas ne me suffisait naturellement point ; c'était cependant un commencement important. Je redoublais d'efforts auprès des personnages pour lesquels j'avais des lettres de recommandation, le sénateur de Béhague, M. de Gérando, le comte de Cetto, ministre de Bavière et ami particulier d'un de mes parents. Celui-ci me reçut toujours courtoisement, mais de la façon la plus diplomatique et même la plus glaciale. C'était un grand seigneur allemand, avec l'apparence d'un ministre protestant, qui me répétait toujours : « Si vous avez besoin de moi, adressez-vous à moi. » Il ne sortait pas de là, et s'entendait mieux que personne à laisser tomber toute conversation que l'on essayait d'entamer. A chaque nom que je prononçai devant lui, le ministre de l'intérieur Montalivet, le directeur Benoist, il répondait : « S'il vous faut recommander, adressez-vous à moi ! » Au fond, il était bien obligeant et il contribua pour une large part à enlever, l'année suivante, ma nomination si ardemment désirée au Conseil d'État.

Paris m'étonna peu : je m'étais fait une idée assez exacte des monuments et des promenades, si bien que ni les uns ni les autres ne me causèrent de surprises[1]. Le positif d'ailleurs m'ab-

---

[1]. Je crois intéressant de publier cette lettre écrite par mon oncle d'Hastel à M. de Coursillon, frère de mon père, parce

sorbait complètement, car je sentais que je ne pouvais prolonger longtemps une situation provisoire. Il fallait d'abord m'installer et quelques

qu'elle contient un croquis curieux de Paris en 1811 et raconte, sous une forme piquante, un fait inédit, croyons-nous, de la vie du cardinal Maury.

Paris, 27 avril 1811.

Paris, toujours le même, ne m'a point l'air, la classe ancienne surtout, de se souvenir de la Révolution, et la nouvelle ne semble pas assez y réfléchir. Rien n'est fixe dans cette ville, on parle un jour d'un grand évènement, et on passe légèrement, le lendemain, avec la même facilité à un autre.

C'est l'ancien Paris, mon cher Coursillon, à l'exception de la dépense qui est plus modérée, et qui, dans son économie, fondée peut-être sur quelque crainte ou sur une certaine inaptitude, ne se monte pas à hauteur de son revenu : économiser est sagesse, mais thésauriser est de trop, il faut que chacun vive.

L'argent est rare, c'est-à-dire qu'il est resserré dans les bourses ou dans les caisses; le commerce, dit-on, est nul et les faillites sont fréquentes. Chacun dans son intérêt particulier ou dans son opinion, parle diversement des causes, et ce que l'on attribue aux lois prohibitives, l'autre n'en aperçoit la source et le résultat que dans cette frénésie des spéculations pour s'enrichir plus promptement ; on expose non-seulement sa propre fortune, mais bien encore la fortune d'autrui. Je ne sais, mais quand on est sage, on ne risque pas son bien, son crédit, sa réputation sur un coup de dez et la raison doit l'emporter sur le désir immodéré de jouissance.

Nos affaires et nos différents avec Sa Sainteté ne s'ar-

détails à ce sujet ne seront peut-être pas sans intérêt pour mes lecteurs d'aujourd'hui. — Je pris un petit rez-de-chaussée convenable, dans la rue de Lille, à raison de 36 livres par mois,

rangent pas, et d'après le caractère connu de l'Empereur, il n'est pas à présumer qu'il rétrograde. On ne parle plus autant néanmoins d'un conçile national ; et malgré qu'il ait été résolu, on est tenté de croire que sa convocation est au moins ajournée. On est généralement, et même individuellement, bien dans les Églises, et cependant la religion, son esprit, sa morale ne font pas de progrès. La classe élevée ne prêche pas d'exemple et l'observateur aurait peut-être autant à se plaindre de l'indifférence des hommes faits que la fougue discoureuse de la jeunesse. Espérons que les choses pourront se remettre et que l'esprit d'innovation ne prévaudra pas sur les vérités saintes qu'on enseigne.

L'abbé d'Astros doit, ainsi que d'autres ecclésiastiques d'un rang plus élevé, avoir été remis en liberté. Ce n'est point pour un libelle contre l'Empereur qu'il a été enfermé, mais bien pour avoir introduit en France la bulle du Pape au chapitre de Florence.

On a beaucoup parlé pendant quelques jours du scandale qui a eu lieu à Notre-Dame le jour du Vendredi-Saint. Imaginez que le cardinal Maury a voulu, et l'on ne sait pourquoi ou à la demande de qui, lui qui n'a parlé depuis longtemps en public, prêcher la passion de Notre-Seigneur J.-C. L'heure indiquée était huit heures du matin ; le temple était plein comme un œuf, et Monseigneur, après s'être fait d'abord attendre trois quarts d'heure, est enfin sortie de la sacristie avec toute la pompe attachée à son rang, et précédé de la croix et des acolytes qui, dans

somme que je trouvais d'abord exorbitante et dont on me démontra au contraire la modicité. Je l'expliquai à mon père, en même temps que la nécessité de pouvoir faire bonne figure dans

les grandes cérémonies, forment le cortège. Mais plusieurs femmes marquantes qui étaient venues trop tard et qui ne trouvaient point de place, s'étaient retirées dans la sacristie, et quand il la quitta, se mirent à sa suite, ainsi qu'il leur avait dit, pour passer plus aisément la foule et trouver à se placer. Mais encore une fois qu'arriva-t-il ? C'est que Madame la princesse de Schwarzenberg, femme de l'ambassadeur d'Autriche, suivit le cardinal jusque dans la chaire, se trouva placée derrière lui, entre le porte-croix, celui qui tenait le cahier et ceux qui portaient la crosse et la mitre. Vous concevez que le bruit qui était déjà très grand, ne fit qu'augmenter, les propos s'en mêlèrent; l'un disait : c'est sa nièce; non, répétait un autre, c'est sa femme; vous n'y êtes point, criait un troisième, c'est sa maîtresse (vous noterez que la princesse n'était pas connue), et ainsi de suite pendant quelques minutes. L'indécence était à son comble, lorsque le cardinal, les lunettes sur le nez, commença son discours au milieu du bruit, du murmure, prononça son exhorde, et son premier point, partie de mémoire, partie d'improvisation et une autre partie en lisant. Le brouhaha, pendant le débit qui dura une heure 50 minutes, ne s'était pas totalement apaisé, et ce que tout le monde put entendre, c'est qu'il annonça que l'année prochaine il donnerait le second et le troisième point.

Son sermon, sermon fait depuis bien des années, n'est pas, dit-on, une pièce bien éloquente : la figure, le ton, le geste n'appuyaient pas les paroles; le son de la voix se

le monde où il me fallait aller ; comme je lui demandais de quoi monter ma garde-robe, et même des dentelles pour mettre « aux jours de grand gala », je me souviens que mon père me répondit : « Il est pénible qu'il faille devoir beaucoup à un habit de plus ou de moins, ô *tempora, ô mores !* » C'est alors que je me décidai à lui dresser mon budget mensuel qui étonnerait, je crois, les jeunes gens du temps présent :

Logement pour un mois, 36 livres ; à un garçon pour mon service 6 livres ; déjeûners et dîners, vin, 105 livres ; blanchissage 15 livres, soit par année 1944 livres. Plus pour ma toilette, 60 livres par mois, par an 720 livres ; 600

---

ressentait de l'effet des lunettes, et les répétitions qui annoncent toujours l'embarras ou le défaut de mémoire, étaient fatigantes En résultat, tout cela a mal fait. S. Em. n'avait pas besoin de cet événement pour se déconsidérer un peu plus (car on n'excuse pas son changement de conduite politique), et se rendant pleine justice, en réfléchissant mieux à ce qu'elle allait faire, il aurait dû laisser à d'autres le soin de parler des souffrance et de la mort du Sauveur.

Encore un mot, et c'est celui d'une femme d'esprit, entendant tout ce que l'on se permettait sur le compte des dames qui s'étaient mises à la suite du cardinal, dit : « L'on se trompe du tout au tout et l'on ne veut pas voir que ce sont les saintes femmes ! »

livres aussi pour menus plaisirs. En total 3264 livres.

Ma place au ministère ne me procurait aucun traitement, parce que j'avais déclaré en entrant vouloir suivre la carrière administrative et non celle des bureaux. Je trouvai là un chef bienveillant, M. Benoist, et il me distingua promptement grâce à mon assiduité qui contrastait singulièrement avec la négligence de mes collègues. Tous mes efforts convergeaient à me créer des titres pour l'auditorat qui était alors le but visé par tous ceux qui, dans la jeunesse française, voulaient se faire une carrière ; mais, à cause de cela même, c'était une position excessivement recherchée et difficile à enlever ; je ne voulus donc négliger aucune des relations qui pouvaient me procurer un atout dans mon jeu.

C'est à mon retour à Paris, après quelques semaines d'automne passées dans ma famille, que commença sérieusement ma campagne (septembre 1809) ; je venais d'apprendre qu'on préparait une promotion qui ne devait pas comprendre moins de plusieurs centaines d'élus, disait-on. Cette nouvelle me déplut, parceque cela me semblait devoir nuire à l'importance de l'auditorat; mais, d'un autre côté, cela devait augmenter mes chances; peu de jours après, je fus rasséréné en apprenant que la promotion ne contiendrait que 214 noms.

C'est alors qu'avec une affection véritable et un zèle touchant, M. le comte de Cetto se mit à s'occuper de moi, tout en conservant son apparente froideur : il me proposa spontanément une démarche personnelle auprès du duc de Bassano, ministre d'Etat, duquel dépendaient les propositions. Cet intérêt me surprit et il ne se démentit jamais. Mais la nomination appartenait au grand juge. le duc de Massa. Ce dernier, originaire de Blamont, près de Nancy, et longtemps représentant de la Meurthe, comptait de nombreux amis dans l'intimité de mon père et, grâce à cela, j'eus des recommandations très chaleureuses pour arriver à lui. A ce moment je n'avais absolument qu'une idée fixe. Comme je l'écrivais à mon père : « Jamais les juifs n'ont attendu le Messie avec autant d'impatience que j'attendais le retour du maréchal Oudinot. » Celui-ci était encore en Lorraine et, comme je l'ai dit, il comptait au nombre des amis particuliers de Madame de Magnac; il était même venu, en 1808, chez mes parents, à Dommartin, et avait déjà fait des démarches sérieuses en ma faveur. Cette fois il avait quitté momentanément l'armée pour venir présider le collège électoral de Versailles. Le 2 décembre 1809, je me présentai chez lui, muni des lettres de Madame de Magnac et de mon père; dès qu'il m'eut reconnu, il me témoigna beaucoup de bonté, me réitéra des promesses formelles d'intérêt ; il me fit même revenir deux fois à Versailles pour me mettre au courant du résultat de ses démarches et m'apprendre notamment que je pouvais sérieusement compter sur le Grand Juge.

Je ne négligeais cependant rien, loin de m'endormir sur ces promesses ; mon père adressa une pétition à l'Empereur, ce qui ne pouvait faire ni chaud ni froid ; il avait de plus tant pressé M. Fortin, parent de ma belle-mère, — qui avait fait une grande fortune en acquérant les terrains du Roule où une rue portant son nom a été ouverte longtemps après, — qu'il avait obtenu de lui une démarche importante auprès de Regnault de Saint-Jean-d'Angely : celui-ci, son débiteur pour une somme assez ronde, était obligé de l'écouter, souvent plus qu'il ne voulait. Mais mon espoir était dans le maréchal ; je fus le retrouver ; il me dicta lui-même une lettre pour Maret et me promit de me présenter à Regnier : c'étaient ces deux grands personnages qui devaient établir ensemble la liste des auditeurs proposés. Cette dernière nouvelle me causa une véritable émotion ; je me commandai dans ce but un habit à la française, un chapeau à plumes, j'achetai une épée, je fis accommoder mes dentelles. Mon anxiété croissait à mesure que la solution approchait ; pour cent cinquante nominations annoncées, on comptait cinq mille demandes. Chaque jour, je cherchais à me créer une relation nouvelle pour entretenir la bonne volonté de mon protecteur que je craignais d'importuner par mes démarches personnelles. C'est ainsi que je me fis présenter chez le comte de Ham, sénateur, dont le fils, le colonel Jacqueminot, — depuis lieutenant-général et aide-de-camp du roi Louis-Philippe, — était attaché au duc de Reggio. Ce soir-là il y avait dans son salon les maréchaux Oudinot et Masséna, Regnier, président du Sénat, le comte Daru et plusieurs autres personnages. Le duc de Reggio me présenta aussitôt au Grand Juge en lui exprimant tout ce qu'il y avait à dire de plus obligeant et de plus pressant, et ce dernier me promit formellement son appui du moment où le maréchal apostillerait ma demande. Quand Regnier et M. de Ham eurent vu ce colloque, ils vinrent d'eux-même me promettre leur appui en m'invitant à me rendre à leurs réceptions. Par exemple, il fallait être bref avec le maréchal : il n'aimait ni les longs discours ni les explications étendues. Le 30, je me rendis au cercle du Grand Juge ; c'est à ce moment aussi que je fis la connaissance du comte Dubois, préfet de police et conseiller d'Etat, avec lequel je conservai de précieuses relations. C'est vers cette époque encore que remonte une assez piquante anecdote qui tout d'abord n'eut rien de très plaisant. Un matin on frappa à ma porte avec une singulière violence : j'ouvris et je vis, non sans étonnement, entrer des agents de police qui me déclarèrent que j'étais accusé de délit politique ; il n'en fallut pas plus, à vingt ans, pour me faire un peu perdre la tête : on saisit mes lettres et on m'emmena à la préfecture. J'avais assez repris mes esprits pour ne formuler aucune plainte. Les choses s'éclaircirent en effet d'elles-mêmes : les agents reconnurent sans peine qu'ils s'étaient trompés en m'enlevant, tandis qu'il s'agissait d'un quasi-homonyme, jeune officier, demeurant au-dessus de moi, qui devait bientôt devenir général et dont le fils a été un de nos ministres plénipotentiaires distingués.

Grâce à ma prudence, cet incident passa inaperçu ; malgré mon innocence absolue, son ébruitement aurait pu me nuire considérablement. Je continuai à me produire le plus possible. Je connus alors le comte Cochon de Lapparent, Sieyès, M. Benoist, de la secrétairerie d'Etat, et enfin l'archichancelier Cambacérès. Je dois ajouter que pour arriver à ce dernier j'eus besoin d'une dame, très avant dans son intimité, qui, après avoir réussi dans la négociation dont je l'avais chargé, me fit comprendre le vif désir qu'elle avait d'une certaine robe que je m'empressai de faire déposer chez elle. Le maréchal me garantissait le succès, mais je ne m'endormis pas pour cela. C'est alors que j'eus l'autorisation de me faire présenter au roi de Bavière qui venait d'arriver à Paris, et avec lequel ma famille avait d'anciennes et particulières relations. Mon oncle à la mode de Bretagne, de mon nom, avait longtemps servi au régiment d'Alsace dont le prince Maximilien de Deux-Ponts était colonel depuis 1770 ; ce prince avait hautement apprécié les qualités de mon oncle dont il fit son ami et son conseiller ; il obtint pour lui, en 1781, le grade de major et la croix de Saint-Louis. Depuis la Révolution, mon oncle vit souvent le prince qui l'accueillit à Munich et donna même un canonicat à son frère. Quand il vint ensuite à Paris, le prince-électeur, devenu roi de Bavière, avait ordonné qu'il logeât toujours à la Légation. Mon père approuva d'autant plus mon idée qu'elle lui était presque survenue à la même heure : « Tu vas trouver ma démarche un peu gigantesque, m'écrivit-il le 20 décembre, en t'adressant ma lettre pour le roi. Son passage à Toul m'en a donné l'envie. En arrivant sur la place, il demanda après Mme de Girardier[1] ; on lui dit qu'une de ses filles était dans le nombre des personnes qui entouraient sa voiture. Il la fit appeler ensuite :

---

1. Cousine-germaine de ma belle-mère.

Sophie vint et il l'accueillit à merveille et, instruit de la mort de son père, il en fit l'éloge et la chargea de mille choses honnêtes pour sa mère. Le prince, toujours bon et affable, se souviendra facilement qu'il m'a reçu à Strasbourg, surtout à cause de M. d'Hastel, avec lequel j'ai dîné souvent chez lui. Je suis sûr qu'il t'accueillera et tu en seras content. Ne t'intimide pas ; son accueil te mettra vite à ton aise ; il *est encore le même.* » M. de Cetto approuva mon projet et la présentation eut lieu le 4 janvier 1810. Le roi me témoigna une extrême bienveillance, me parla de tous mes parents et me promit d'écrire personnellement au Grand Juge.

Le 29 janvier, l'Empereur signa le décret attendu si impatiemment et j'étais au nombre des cent six élus. Il était réellement temps que cela se décidât, car, depuis quatre jours, je ne mangeais ni ne dormais. Ma joie fut extrême, encore augmentée par les témoignages flatteurs dont m'accablèrent alors mes protecteurs. Entre tous, le comte Garnier me montrait une affection paternelle ; il m'invita d'abord souvent à ses dîners où je pouvais faire d'utiles connaissances, puis il me prévint que j'aurais toujours mon couvert mis chez lui et je pris l'habitude de m'y rendre tous les jeudis.

Rien n'était cependant terminé et bien des semaines devaient encore s'écouler avant que la question des auditeurs reçût sa solution définitive. La nomination avait bien paru, mais restait l'examen dont dépendait notre classement et par conséquent notre avenir. Je passai donc tout l'hiver à travailler et à redoubler d'activité pour me ménager des appuis. Enfin, le grand jour arriva. J'eus pour examinateur le comte Defermon, président de la section des finances au Conseil d'État ; le résultat fut excellent et je le dus en partie à la facilité avec laquelle j'expliquai un passage de Tacite, tandis que mes camarades se montrèrent peu familiers avec les auteurs latins (2 avril 1810). Le décret confirmatif parut le 27 avril et vingt-six des élus furent éliminés. Nous restions quatre-vingts. Le 1er mai, nous fûmes tous mandés en séance générale du Conseil et installés par le prince archi-chancelier. Le 6 juin, nous allâmes prêter serment, à Saint-Cloud, devant l'Empereur.

Il me fallait encore obtenir une situation qui me retînt à Paris où je désirais demeurer assez pour achever de me créer de solides relations. Peu de jours après mon installation, je dînai chez Cambacérès qui m'entretint assez longtemps en me recommandant de ne pas imiter nombre de mes collègues et de montrer, au contraire, une grande assiduité aux deux séances hebdomadaires du Conseil. Dans les premiers temps je ne pus rien faire, absorbé par les visites officielles, auxquelles on tenait beaucoup alors, et les présentations pour lesquelles je trouvais toujours un patron infatigable dans le comte Garnier ; il me mena chez l'archi-trésorier et m'accompagna plusieurs fois au cercle de l'archi-chancelier, d'où ma timidité me tenait éloigné ; le 24 juin, je fus présenté, après la messe, à Saint-Cloud, par la duchesse de Montebello, à l'Impératrice.

L'idée fixe d'un bon classement avait remplacé dans mon esprit celle de ma nomination ; toutes mes démarches y tendaient exclusivement et je ne puis m'empêcher de raconter ici une anecdote qui prouve combien le hasard peut servir.

Un soir, je rôdais place Vendôme, presqu'inconsciemment ; mais poussé par le vague espoir de trouver peut-être une occasion d'avoir des nouvelles. J'aperçus de la lumière dans l'hôtel du Grand Juge, aux fenêtres du bureau de l'employé chargé de notre classement et qui, précisément, était un compatriote, M. Lemolt, de Serceuil près Coiffy. Après un moment d'hésitation et sans trop me rendre compte de ce que je faisais, je montai chez lui et je peux dire que c'est à cela que je dus de demeurer à Paris. J'avais été ballotté à toutes les sections du Conseil, même malgré une recommandation spéciale du duc de Bassano. Enfin on me classa à l'administration des Droits-Réunis avec mes collègues Madier de Montjau, Jard-Panvilliers, Paulze d'Ivoy, Lacoste, d'Argout et Gasson [1].

---

[1]. Je devais assister au bal donné le 1ᵉʳ juillet de cette même année par le prince de Schwartzenberg : une bonne inspiration me fit rester à un bal à Versailles, mais je retrouve la lettre que j'adressai à mon père sous le coup de ce lamentable événement. » On se souviendra longtemps de cette nuit. Le prince de Schwartzenberg donnait hier une fête à Leurs Majestés. Tout annonçait une magnificence sans exemple. Trois mille personnes étaient réunies dans deux salles construites exprès dans le jardin du prince. Leurs Majestés étant arrivées, on tira le feu d'artifice ; une demi-heure après, un rideau étant trop près d'un lustre prit feu, et en trois minutes la salle construite en bois et en toiles peintes était embrasée. On s'émeut, on se trouble, le feu gagne. Leurs Majestés sortirent aussitôt ; tout le monde voulant se précipiter dehors

Malheureusement nous fûmes mal accueillis par notre chef, le comte François de Neuchâteau ; il cherchait autant que possible à nous rendre inutiles, ne nous recevait pas et tout son entourage avait le mot pour ne nous épargner aucun désagrément. Mal élevé, justifiant médiocrement sa réputation d'homme d'esprit, il ne faisait d'ailleurs qu'imiter l'attitude des autres chefs de service qui voyaient avec humeur arriver les auditeurs auprès d'eux pour troubler leur quiétude et entraver l'avancement de leurs protégés ; en effet, on comprenait que désormais le chemin était barré pour ceux qui n'étaient pas de notre « confrairie ». Je ne m'en inquiétais pas, car nous savions que l'Empereur tenait beaucoup à sa création et que, tôt ou tard, nos persécuteurs seraient obligés d'en rabattre.

---

obstrua les issues de l'enceinte embrasée. Au même instant les lustres tombèrent, entraînant le plafond. On ne peut pas se faire une idée de l'horreur de ce moment : jamais champ de bataille ne fut plus affreux. On ignore encore les résultats exacts : on sait seulement que la princesse Pauline Schwarzenberg a été brûlée morte ; la princesse Ludovic vient de mourir ; M. de Carignan, le prince Kourakin laissent peu d'espoir ; la reine de Naples a un pied brûlé ; le préfet Bailly est mort aussi, etc. L'Empereur après avoir reconduit l'Impératrice à l'Elysée, est monté à cheval et y est resté jusqu'à ce que le feu soit éteint. On dit que S. M. a sauvé trois dames. »

Le 25 août 1810, j'allais pour la première fois au cercle de la Cour ; nous pouvions venir tous les dimanches matins à l'audience de Sa Majesté. Mais à ce moment je consacrais surtout mon temps au travail. M'étant ouvert au comte Defermon des découragements que j'éprouvai auprès de M. François de Neuchâteau, cet excellent homme s'empressa de m'admettre aux assemblées de la section des finances au Conseil d'Etat et de m'y donner à faire des rapports, comme si j'y avais été attaché officiellement. Ce que j'attendais d'ailleurs se réalisa, car, au mois de septembre, parut un décret qui nous donnait rang dans l'administration immédiatement après les directeurs généraux, nous allouant 600 livres de traitement et, en cas de mission, 20 livres d'indemnité par jour et 10 livres par poste. Le comte François de Neuchâteau parut un instant s'adoucir à mon égard, mais cela dura peu et ce nouveau revirement s'explique facilement. Ayant eu à présenter à la section un rapport sur une pension à payer à la veuve d'un employé des Droits-Réunis, je fis remarquer qu'en cette circonstance, on mettait de côté les prescriptions légales et j'obtins le rejet ; le comte dut céder, mais avec beaucoup d'humeur, et reconnaître son erreur volontaire. Peu de temps après, j'eus une seconde affaire de ce genre, mais avant de commencer ce travail, je crus devoir débiter un petit discours aux membres de la section, qui étaient alors MM. Defermon, Jolivet, Jaubert, Boulay, Garat, Collin et Berenger. « J'ai l'honneur de soumettre à la Section une affaire semblable à celle que j'ai déjà rapportée. Ici je dois parler contre mon intérêt, car j'ai des observations à faire sur le travail de M. le comte François de Neuchâteau qui, instruit de mon opposition sur la première affaire, est très mécontent contre moi. En tous cas, messieurs, si mon chef me repousse, j'espère que vous me recevrez parmi vous, car, autrement, je serais la victime de mon devoir qui est de répondre à la confiance dont vous m'honorez. » Ce petit speach, comme on dirait aujourd'hui, produisit un excellent effet.

M. Defermon, du reste, redoublait de bienveillance envers moi et me prenait sans cesse pour travailler avec lui. Au mois de décembre, je restai plus de dix jours, presque sans le quitter, pour la rédaction d'un règlement d'organisation relatif à un service des postes en Hollande ; ce travail me valut de sérieux compliments.

J'étais réellement heureux à ce moment, exceptionnellement apprécié, j'ose le dire, par des personnages dont la situation et la valeur rendaient les suffrages particulièrement flatteurs. Je venais de m'installer dans un joli petit appartement de la rue de la Michodière, de prendre un valet de chambre, en dépit des observations de mon père qu'effrayaient ces dépenses, mais auquel cependant je fis comprendre qu'ayant à présent beaucoup de solliciteurs à recevoir, il me fallait un établissement convenable. Seul, le comte François de Neuchâteau ne désarmait pas à mon égard : il me fit tout le mal possible ; heureusement j'avais pu m'étayer. Je finis par demander mon changement de service ; mes collègues avaient tous suivi mon exemple. Le comte, cependant, ne s'en prit qu'à moi ; M. Defermon se sentant un peu coupable, puisqu'en fait c'était lui qui m'avait exposé à condamner les actes de mon chef hiérarchique, épousa ma cause avec ardeur et la lutte se limita entre ces deux hauts personnages. Cependant je ne me dissimulais pas le danger de la situation où, moi, petit fonctionnaire, j'étais exposé à payer les frais de la guerre. Le 15 janvier, je fus relevé de mon service à l'administration des Droits-Réunis, mais je ne reçus aucune autre attribution. On me parlait d'un commissariat général de police, mot qui sonnait mal à mes oreilles, bien que ces fonctions aient été recherchées, car nous y vîmes bientôt figurer nos collègues de Courtivron, de la Châtre, Boula du Colombier, Pavée de Vendeuvre, Azeglio, Lefranc de Pompignan, etc. De mon côté, je songeai à une sous-préfecture, projet que, peu de mois auparavant, j'avais vivement repoussé, comme devant trop tôt m'éloigner de Paris. Dans mon irrésolution et voulant un avis, je me rendis, le 21 février, au bal costumé, donné par le prince vice-connétable, où je devais rencontrer le duc de Reggio. Je le trouvai en effet en domino; il m'accueillit au mieux, m'engagea à venir le voir; je ne me fis pas prier et, pendant ce mois, je me présentai plusieurs fois chez lui; il prit chaudement ma cause en main pour me faire entrer officiellement au service ordinaire de la section des finances, but de toute mon ambition. M. Defermon insista encore plus fortement, allant jusqu'à déclarer que ma collaboration lui était devenue indispensable. Je fus primé par des collègues revenant d'Illyrie et de Croatie où ils avaient exercé les fonctions d'intendant. Un décret du 7 avril m'attacha à la Direction générale de la comptabilité communale au ministère de l'Intérieur, dont le titulaire était le baron Quinette de Rochemont, conseiller d'Etat et ancien conventionnel régicide, homme doux cependant, de relations agréables et qui m'accueillit avec beaucoup de bonne grâce. Il aimait les auditeurs et leur donnait des places sérieuses ; nous siégions tous au conseil d'administration et l'un de nous était chaque semaine de service, ayant la direction des affaires et la signature. Je n'en continuai pas moins à travailler à la section des Finances et, vers le même temps, j'appris qu'ayant été porté d'office sur une liste de sous-préfets de chef-lieu, le duc de Bassano, ayant vu par mes notes que je savais la langue allemande, me fit réserver pour le cas où l'on aurait besoin de fonctionnaires de cet ordre à envoyer au-delà du Rhin. Ma nouvelle situation élargit le cercle de mes relations ; le soir, j'allais autant que pos-

sible dans le monde officiel pour les entretenir ; je fréquentais assidument le salon du comte de Montalivet, ministre de l'Intérieur, « qui commença à mettre mon nom sur ma figure, écrivais-je à mon père, et c'est plus qu'on ne pense. »
Au mois d'août même, étant allé le trouver un matin, le ministre m'accueillit avec une plus grande affabilité et me garda pour déjeûner ; il me félicita sur ma connaissance de l'allemand et sa conversation, sans qu'il m'eût cependant fait d'ouverture positive, me donna d'autant plus la pensée d'entrer dans la carrière administrative, que je voyais l'encombrement du Conseil d'Etat et que je venais d'avoir, encore une fois, à décliner une place de commissaire extraordinaire de police ; je redoutais sérieusement d'y être nommé, un jour, d'office. A ce moment on songeait, au ministère, à organiser complètement le service préfectoral en Allemagne en y casant les auditeurs au courant de la langue ; tous mes protecteurs me poussèrent unanimement à tenter la fortune de ce côté. Le baron Quinette remit lui-même au ministre la lettre où mon père demandait la sous-préfecture de Lubeck pour moi et m'appuya d'une façon qui lui assura de ma part

un attachement respectueux et ma vive reconnaissance. Je devais plus tard le rencontrer après les Cent-Jours, alors qu'il était menacé à cause de son malheureux vote, et je ne manquais pas de lui témoigner la constance de mes sentiments ; je dirais seulement la douloureuse émotion que je ressentis, quand, en parlant du passé, cet homme si bienveillant me donna l'assurance, avec une rare fermeté d'expression, qu'il ne regrettait rien de ce qu'il avait fait.

## III

M. de Montalivet. — Sous-préfecture de Lunebourg. — Le prince d'Eckmühl. — Les suites de la retraite de la grande armée dans le département des Bouches-de-l'Elbe. — Siège et blocus d'Hambourg.

(1811-1814)

Le 5 septembre 1811, en rentrant d'une courte absence, je trouvai ma nomination à la sous-préfecture de Lunebourg, département des Bouches-de-l'Elbe. C'était un pays neuf, tout à organiser; en réalité, j'étais traité comme un auditeur de première classe et aussi avancé que si j'avais passé par la section, puisqu'en la quittant j'aurais dû prendre également une sous-préfecture. Dès le 19, je fus reçu par le ministre, qui me donna lui-même longuement ses instructions.

M. de Montalivet, père du ministre du gouvernement de Juillet, avec lequel j'ai toujours été intimement lié, était originaire des environs de Sarreguemines, quoique d'une famille noble du Dauphiné; mais son père était fixé en Lorraine après y avoir exercé un commandement militaire; il avait d'abord servi lui-même en entrant, à treize ans, aux hussards de Nassau :

il y resta peu, fit ses études de droit et entra à dix-neuf ans comme conseiller au parlement de Grenoble ; il embrassa avec assez d'ardeur les idées libérales, mais en restant toujours fidèle aux principes les plus conservateurs, ce qui l'amena à rompre ses relations avec un jeune officier qu'il avait connu à Valence, dans le salon de sa mère, dont il ne se doutait guère, alors, de voir devenir le ministre et qui professait des opinions trop avancées, à son avis. Napoléon se souvint de la valeur de son ancien ami, et dès son avènement au Consulat, il lui confia la préfecture de la Manche ; il passa successivement au Conseil d'Etat, à la Direction générale des ponts-et-chaussées et remplaça enfin, le 1er octobre 1809, le comte Cretet au ministère de l'intérieur. Doué d'un esprit élevé et de connaissances variées, M. de Montalivet avait une puissante aptitude au travail qui lui permettait de diriger effectivement toutes les branches de la vaste administration qui lui était confiée.

M. de Montalivet eut pour professeur un de mes oncles, depuis chanoine de la primatiale de Strasbourg, et mes parents, profitant des bons souvenir qu'il en avait conservé, avaient pu, par des amis communs[1], me faire pénétrer chez le ministre autrement qu'à titre de simple étranger ; il prit réellement intérêt à moi, comme je pourrai en fournir la preuve dans la suite de ces souvenirs, et m'accueillit avec une flatteuse amabilité.

Avant de partir, je fis quelques visites officielles, notamment à Cambacérès qui me connaissait et me dit ces paroles, dont je me sentis, à mon âge, singulièrement flatté : « Je vous remercie de votre attention ; j'ai entendu parler de vous ; toute la Section des finances m'a dit que vous étiez un bon sujet. » Grâce à MM. Defermon et Garnier, j'étais allé assez souvent chez le prince archi-chancelier et j'en avais reçu plusieurs invitations à dîner ; aussi puis-je affirmer, en témoin auriculaire, l'authenticité de l'anecdote, trop souvent racontée pour trouver place ici autrement que sommairement. On sait que Cambacérès avait l'habitude de découper lui-même, même dans les grands dîners, et il offrait à chaque convive avec de piquantes nuances d'appel,

---

[1]. Notamment M. Goubault, son secrétaire particulier, ami intime de ma famille, originaire de Toul, qui me prêta un précieux et fidèle concours.

selon le rang de celui auquel il s'adressait : ce détail est absolument vrai.

En passant à Hambourg, j'allai prendre les ordres de mon préfet, le baron de Coninck, et j'y retrouvai mon ami Paulze d'Ivoy qui y résidait en qualité de commissaire extraordinaire de police. Le 17 octobre, je prenais possession de mon poste, et mon arrivée y fut singulièrement pittoresque. L'Elbe était débordée, mais pas assez pour qu'un canot pût venir me chercher à bord du bateau qui m'amenait d'Hambourg ; comme il pleuvait à verse, il me fallut me jucher en uniforme, avec mon parapluie ouvert, sur le dos du batelier qui me mit à terre. Une autre surprise m'attendait. La sous-préfecture était installée dans l'ancien château ducal, immense construction encore meublée à la mode du siècle dernier : des chambres vastes comme des halles, des lits de dix pieds carrés [1], des chaises à dossiers énormes, des tapisseries garnissant tous les murs et représentant le jugement de Salomon, les aventures de Sancho Pança et les noces de

---

1. Je couchais dans le lit du roi Georges ; il fallait cinq de mes draps pour le garnir.

Gamaches. Rien d'ailleurs n'y manquait, ni argenterie, ni superbe linge damassé et cela avait son utilité quand on saura que, pour être envoyé à une si grande distance de mon pays, j'avais un modeste traitement de 4,000 livres et une somme égale pour mes frais de bureau.

L'arrondissement était considérable ; vingt et une lieues de long, neuf cantons, 66,000 habitants. Les autres arrondissements du département étaient ceux de Hambourg, Lubeck et Stade où j'avais pour collègues trois auditeurs comme moi, Himbert de Flégny, Chastellux et David. Ce nouveau service me plaisait beaucoup, surtout par la pensée que j'avais tout à organiser, à créer à mon idée ; avec mes goûts de travail, cela était bien suffisant pour me faire oublier, au moins au début, mon éloignement de France. Mais à peine arrivé, j'eus à recevoir le prince et la princesse d'Eckmülh ; c'était un évènement pour un débutant dans la vie officielle. Prévenu le matin seulement, je fis arranger en hâte mes vieux appartements et, à deux heures, j'étais au perron, dans ma plus brillante tenue, pour saluer Leurs Altesses qui allèrent visiter presqu'immédiatement la saline dans le plus grand détail ; je ne quittai pas le prince qui me traita très bien ; après la revue de l'artillerie, il revint au palais et gourmanda tout le monde, militaire et civil : seul je ne reçus aucune éclaboussure. Il m'entretint ensuite de la création d'un hôpital et me demanda, séance tenante, un projet d'arrêté ; je courus le rédiger après dîner, et je m'en acquittai de façon que le prince le signa sans y apporter la moindre modification ; il me confia la présidence de la commission d'exécution ; puis il me retint assez longtemps pour se renseigner sur l'arrondissement, et bien que, nouveau venu, je pus si heureusement lui répondre qu'il termina la conversation en me recommandant de lui adresser des rapports confidentiels. Le lendemain matin, à cinq heures, je fis servir à déjeûner à Leurs Altesses qui partirent peu après. La princesse me parut aussi aimable que belle.

Tout me sembla charmant au début ; l'installation, comme je l'ai dit, me plaisait infiniment ; l'accueil de la population fut très sympathique ; j'étais bien reçu partout. J'avais beaucoup de travail, car la présence de vingt-cinq mille hommes dans mon arrondissement l'augmentait d'autant plus que l'Empereur ayant supprimé le commissariat supérieur de police de Lunebourg, les fonctions m'en étaient dévolues ; elles me donnaient les pouvoirs les plus étendus. Tous les salons de la ville me furent ouverts dès qu'on sut avec quelle modération j'entendais les délicates fonctions de sous-préfet dans un pays conquis, avec quelle fermeté je prétendais réprimer les incartades des soldats, habitués depuis longtemps à traiter ce pays sans ménagement, ce qui ne m'empêcha pas de conserver toujours les meilleurs rapports avec l'autorité militaire. Comme je le mandais à mon père, « nous sommes ici de petits pachas, » et, en effet, quand je devais aller dans une réunion, à quelque heure que j'arrivais, on m'attendait pour commencer les parties.

Le prince d'Eckmülh avait fait mon éloge à mon préfet et, dans la bouche d'un homme très avare de louanges, cela avait produit un si excellent effet que M. de Corninck demanda pour moi la première classe de l'auditorat en m'écrivant que j'étais, sans comparaison, son meilleur collaborateur. De Paris, je recevais de mes protecteurs les souvenirs les plus encourageants qui, à cette distance, m'étaient précieux; les comtes Defermon, Dubois et le baron Louis me prouvaient qu'ils ne m'oubliaient pas.

Ma première difficulté fut causée par le maire de Lunebourg qui prétendait administrer en mon nom et faisait tout traîner en longueur; il croyait venir ainsi facilement à bout d'un jeune homme qui ne comptait pas plus d'années d'âge que lui de fonction municipales. Il imagina de correspondre, par dessus ma tête, avec mon préfet qui me prévint, et peu après le maire sut à quoi s'en tenir avec le jeune sous-préfet. Cela fit assez de bruit dans la province et arriva aux oreilles du prince d'Eckmülh qui dit publiquement, à cette occasion, que j'étais le seul auditeur envoyé dans les départements réunis qui fût à la hauteur de sa place. Il y avait, du reste, énormément à faire : réprimer les perceptions illicites, découvrir et châtier les coquineries, poursuivre les mauvaises actions de toute espèce ; au bout de trois mois, j'avais reconnu que bien peu d'hommes autour de moi étaient absolument intacts de petites rapines. Les affaires absorbaient tout mon temps sans me laisser une minute pour mes lectures favorites; encore ne recevais-je que deux fois par semaine.

Tout semblait me sourire et une nouvelle que mon ami Edouard de Rigny me transmit, le 24 février 1812, aurait donné, si elle se fût réalisée, un singulier éclat à ma carrière; il me mandait de la part du secrétaire particulier de M. de Montalivet, que j'étais porté le dixième sur une liste de quinze sous-préfets proposés à l'Empereur pour des préfectures. En même temps, un autre de mes amis, M. d'Aubignosc, commissaire général de police à Hambourg, m'apprenait que le maréchal Davoust m'avait proposé exceptionnellement pour la croix de l'ordre de la Réunion. Le maréchal m'avait pris tout à fait en gré et je sus qu'il pensait à me confier la direction de son cabinet civil, ce qui m'inquiétait un peu à cause de son caractère parfois difficile; c'est ce qui m'empêcha de faire aucune démarche à ce sujet.

J'allais naturellement souvent à Hambourg où la société présentait un singulier mélange. Quoique nous y fussions, comme je l'ai dit, peu sympathiques, un assez grand nombre de maisons nous étaient ouvertes : les unes avaient adopté les mœurs anglaises, car l'Angleterre était plus présente à Hambourg que l'Allemagne; d'autres suivaient nos habitudes. Les émigrés français étaient assez nombreux dans la ville, mais pour la plupart paraissaient peu considérés ; on leur reprochait de n'avoir pas songé à s'exposer aux dangers que leurs compatriotes avaient bravement affrontés dans l'armée des Princes.

En Allemagne, on sait que l'on tient énormément à la hiérarchie sociale et je ne fus pas peu surpris, au début, en entendant, à Lunebourg, non-seulement tous les fonctionnaires désignés dans le monde par le titre — souvent très long de leurs fonctions, — mais encore cet usage constamment observé à l'égard de leurs femmes. Jamais on ne m'adressait la parole sans faire précéder mon nom de mon titre officiel. Cette habitude fut adoptée par les officiers français ; les femmes des généraux trouvaient très malséant quand on ne les traitait pas également de « Madame la générale de division, » ou « Madame la générale de brigade. » Bien plus, dans les bals, ces dames, quelquefois sans place désignée, prétendaient toujours commencer les figures des contredanses et, dans le quadrille, elles prenaient la droite sans s'occuper de leurs voisines.

Je trouvai aussi à Hambourg, comme je l'ai

dit, plusieurs amis qui me furent très utiles. Je serais injuste de ne pas mentionner M. le comte de Chaban qui y exerçait les fonctions de conseiller d'Etat chargé des finances dans les départements du Nord nouvellement réunis à la France[1]; d'un caractère doux et modéré, il corrigeait, dans une certaine mesure, les conséquences du caractère trop autoritaire du prince d'Eckmülh. Celui-ci gouvernait ces provinces en maître absolu; vivant avec un faste souverain, se faisant dénommer Altesse ou Monseigneur, il ne savait pas toujours dominer ses formes hautaines et parfois dures. M. de Chaban, au contraire, adoucissait bien des mesures qui auraient pu gravement accroître l'antipathie de la population à notre égard. Ancien officier aux gardes françaises, il s'était trouvé sans aucune ressource après la Révolution, quand l'impératrice Joséphine se ressouvint qu'il était son parent et lui procura une bonne situation dans l'administration. Malheureusement pour sa famille, il mourut du

---

[1]. René Marchand de Chaban (1759-1812), sous-aide major aux gardes françaises; après le 16 brumaire, sous-préfet de Vendôme, préfet de Rhin-et-Moselle, conseiller d'Etat, commissaire général en Toscane.

typhus en 1812 à Hambourg. Mon préfet, le baron de Coninck, était un bon flamand aux formes bien rondes au moral et au physique, mais non dépourvu de finesse. Quand à d'Aubignosc, directeur général de la police dans les trois départements réunis, c'était un homme de bonne famille, de belle tournure, d'excellentes manières, mais d'une habileté excessive pour ne pas dire plus ; pour moi il montra toujours une constante fidélité.

Je ne mentionnerai que pour mémoire un homme, relativement célèbre, que je rencontrai sur mon chemin en ces parages : Montgaillard. garde-magasin des vivres à Lubeck, ex-abbé et depuis auteur d'une curieuse *Histoire de France de 1787 à 1818*, intrigant accompli qui n'eut pas à se louer de moi au sujet de la gestion peu orthodoxe de son service [1].

L'année 1813 s'ouvrait assez tristement. L'incendie de Moscou montrait chez les Russes une terrible résolution ; en France les préoccupations augmentaient et laissaient moins de liberté aux membres du gouvernement, ce qui se tra-

---

1. Jacques Roques de Montgaillard (1761-1841).

duisait par des nouvelles plus rares et une absence souvent bien fâcheuse d'instructions. Les populations de l'arrondissement laissaient déjà percer des velléités peu favorables ; à cela, des embarras financiers s'ajoutaient encore ; on avait cru devoir réduire mes appointements pour augmenter ceux du sous-préfet de Brême, comme résidant dans une « bonne ville. » Plus d'un de mes collègues y suppléaient sans scrupule, et j'ose croire que pas un n'aurait pu s'écrier, comme moi, le 30 juin, que j'avais fait en trois mois pour 800,000 francs de réquisitions, en restant aussi gueux qu'auparavant.

La situation allait devenir difficile ; des troubles graves éclatèrent, le 24 février, à Hambourg[1] ; une vingtaine de personnes périrent ; la nouvelle, nullement fondée, de l'approche des troupes russes releva le courage des apathiques populations allemandes qui, en un moment, donnèrent la preuve qu'on ne pouvait, malgré leur

---

1. A la suite de cette échauffourée, M. de Coninck, qui venait au même moment d'adresser à l'Empereur une lettre affirmant l'attachement de ses administrés, perdit la tête et se pendit dans un grenier ; on le secourut à temps : il est devenu depuis ministre en Belgique.

calme apparent, aucunement compter sur elles. En ce moment je faisais une tournée de révision dans mon arrondissement; des troubles éclatèrent à Hambourg au moment où j'y arrivai et, ne disposant d'aucune force militaire, je fus obligé de suspendre les opérations; le préfet me donna presqu'aussitôt l'ordre de ne pas continuer la tournée et de rentrer au plus vite à Lunebourg, où un mouvement avait également éclaté, sous le mince prétexte de dettes contractées par les employés des douanes dont on regardait le départ comme certain. Le conseil municipal fit preuve d'une absence complète d'énergie, le maire ne se montra même pas, et j'en fus quitte pour faire charger mes gendarmes qui ne blessèrent personne. J'armai les douaniers et je contins ainsi l'émeute, mais en réclamant directement du ministre l'envoi de forces qui me permissent de tenir tête aux complications que je prévoyais, car on ne devait plus se faire d'illusion : les populations ne pouvaient être maintenues que par la terreur. M. de Montalivet me répondit immédiatement par un billet très flatteur pour moi, mais sans le moindre mot relatif aux renforts que j'avais sollicités. Les Russes cependant approchaient et leurs éclaireurs cosaques commençaient à paraître; le directeur général de la police du gouverneur d'Hambourg m'en prévint en m'engageant à placer, sur toutes les routes, des hommes sûrs pour être averti à temps de l'approche de l'ennemi, dont on savait que mon chef-lieu était alors l'objectif; il me recommandait de prendre mes mesures pour pouvoir tenir, « parce que, disait-il, les Cosaques ne résistent pas quand on leur tient tête. » Cela était commode à écrire d'une ville fortement retranchée et gardée par une garnison considérable. L'agitation avait gagné tout le département et des crimes terribles y avaient été commis; le 9 mars, j'étais le seul de mes collègues demeuré à mon poste, et j'avoue, qu'à cette heure, l'opinion que j'avais eue au début, sur mes administrés, était singulièrement modifiée. Pendant dix-sept mois je leur avais montré infiniment trop de douceur et je me promettais, une fois la situation rétablie, de les traiter de tout autre façon.

Sur ces entrefaites, cependant, le prince de Reuss me fut envoyé pour prendre le commandement militaire dans mon arrondissement. Je m'acheminais précisément vers Hambourg pour avoir des instructions que, malgré mes demandes réitérées, je n'obtenais pas, quand je fus attaqué par un détachement ennemi, à Bardowicz. Le prince de Reuss qui marchait sur Lunebourg avec 200 hommes me dégagea et nous revînmes ensemble. C'était un jeune homme qui montrait un réel dévouement à la France ; cadet pauvre de cette nombreuse famille princière plus riche en titres qu'en écus, bon soldat et aimable causeur. Je le logeai au palais avec moi et nous demeurâmes quelques jours absolument bloqués, avec 60 soldats campés au rez-de-chaussée et deux canons braqués dans la cour ; nous passions, du reste, très gaiement notre temps, ayant encore trop confiance dans la puissance de l'Empereur pour croire à un désastre. Cette existence cependant, au bout de peu de jours, modifia brusquement mon optimisme ; le 10 mars, j'écrivis à mon père : « Je me porte bien ; il est probable que nous nous reverrons très prochainement, car la débâcle est complète. On dirait que c'est un dégel. » Et puis, j'avoue que je souffrais de mon effacement en présence de l'autorité militaire ; je m'en étais plaint à mon ami d'Aubignosc, qui me répondit une lettre dont quelques passages au moins méritent de trouver place ici : « J'ai reçu votre très laconique et très clair billet....., vous y dites que l'autorité militaire, ayant nécessairement accaparé tout le pouvoir, vous vous jugez inutile sur les lieux. J'ai cru devoir montrer vos deux lignes au général Carra-Saint-Cyr ; sa réponse a été : le prince de Reuss a la force de répression et vous celle de la persuasion.... Nous tenons Lunebourg et si le général Morand nous rejoint sans encombre, vraisemblablement nous ne lâcherons pas cette partie des Bouches-de-l'Elbe..... Je me suis dit à part moi : vous êtes le seul à votre poste ; si on vous maintient à Lunebourg, si le pays reste dans le devoir, on ne dira pas que ce sont les bayonnettes, mais on en saura gré à l'administration qui a su concilier les esprits. Je me suis encore dit beaucoup d'autres choses, après quoi j'ai conclu avec moi-même que je vous conseillerai de rester encore quelque temps. Le prince est bon coucheur ; vous êtes conciliant, suivant le général; vous partagerez l'honneur, parce que le tour de votre prépondérance arrivera. »

Très réconforté par ces sages conseils, je refusai d'obéir à l'invitation du secrétaire-général de la préfecture, de quitter le département jusqu'à nouvel ordre, Hambourg étant évacué. Tout au contraire, j'adressai un nouveau rapport au ministre de l'Intérieur, le 1er mars, montrant ma ferme résolution de demeurer tant que ce serait possible, même au péril de ma vie, et ne marchandant pas le mérite que je prétendais m'acquérir par une pareille attitude. Les éclaireurs russes étaient en effet à moins de cinq lieues de mon chef-lieu et une partie de l'arrondissement au pouvoir du prince Mecklembourg. Moi-même j'allais aux environs pour bien faire voir aux habitants que le représentant du gouvernement était toujours présent ; dans une de ces courses, ma voiture fut attaquée par une bande de brigands ; la vitesse de mes chevaux seule me sauva, encore la caisse de ma calèche reçut-elle cinq balles pendant ma retraite très précipitée.

Le 18 mars, cependant, il fallut quitter Lunebourg ; toutes les forces françaises avaient à ce moment évacué le reste du département. Je partis avec les troupes [1] et je m'arrêtai avec elles

---

1. Une chute de cheval m'empêcha de partir avec la colonne du général Morand, laquelle, par l'imprudence de son chef, fut surprise et presque entièrement prise ou détruite.

à Brême où se trouvait Vandamme et d'où j'écrivis au ministre pour réclamer ses ordres et, en même temps, lui signaler la façon dont les généraux se conduisaient dans les départements mis en état de siège; ils les traitaient absolument en pays conquis, faisant nourrir le soldat par l'habitant, prenant les caisses publiques, réquisitionnant sans cesse. M. de Montalivet me répondit encore cette fois sans retard, approuvant complètement ma conduite en me disant que « pour les départements mis en état de siège, cela voulait dire seulement que l'autorité militaire prendrait la direction de la police, et que les fonctionnaires civils devaient se tenir prêts à reprendre l'exercice de leurs fonctions et attendre au quartier général la retraite des troupes ennemies. » Les généraux entendaient bien autrement les choses.

Je restai quelques jours à Brême, très ennuyé de mon inaction. Nous y vivions armés jusques aux dents; avec mon épée au côté, une paire de pistolets à ma ceinture et mon fusil de chasse sur l'épaule, j'avais l'air d'un chef de brigands. Le maréchal Davoust gardait alors la rive de l'Elbe avec vingt mille hommes; un combat malheureux eut lieu devant Lunebourg même; tous les Français restés dans cette ville furent pris ; mon secrétaire allemand put s'échapper, mais il fut pendu en effigie. Je continuai à suivre l'armée ; je fus ainsi à Osnabruck, à Munster. En rentrant à Brême, j'eus du moins la consolation de trouver un grand nombre de lettres m'apportant une approbation complète de ma conduite : MM. Garnier, Quinette, Dubois, Defermon me tenaient tous le langage le plus flatteur; Goubault me mandait la satisfaction complète du ministre qui avait mis mon rapport sous les yeux de l'Empereur ; il ajoutait que mes vingt-six ans seuls avaient empêché mon nom de figurer sur la dernière liste de préfets, dans laquelle sept auditeurs avaient été compris.

Je rentrai enfin, le 4 mai, après Lutzen, dans mon chef-lieu, en traversant, seul et à pied, des cantons encore parcourus par les Cosaques; en effet, après mon passage, plusieurs français furent enlevés sur la route que je venais de parcourir[1]. Mon nouveau préfet, le baron de

---

1. Le ministre de l'intérieur m'adressa à ce sujet ce billet autographe : « Monsieur, en m'annonçant, par votre lettre du

Breteuil, ne sachant pas ma résolution, m'avait envoyé l'ordre — que je trouvai en arrivant — de rejoindre mon poste et de m'entendre avec le général Dumonceau, commandant de l'arrondissement ; il m'enjoignit d'y rétablir l'ordre, de faire rentrer les impôts et désarmer les habitants. La ville était dans l'état d'une place prise d'assaut, le pays absolument ruiné ; l'ennemi courait jusqu'à une portée de fusil des portes ; tous les jours on entendait gronder le canon du côté de l'Elbe ; la plupart des habitants avait disparu, en tête la noblesse qui s'était empressée de faire cause commune avec nos adversaires ; mon maire avait donné le signal. Ce voisinage de Cosaques était des plus désagréables. Un jour, un de leurs officiers, vexé de ce que je faisais des réquisitions dans quelques communes de l'arrondissement occupées par ses hommes, m'écrivit qu'il ferait pendre mon messager, qu'il me ferait pendre s'il me trouvait sur son chemin et

---

5 mai courant, votre retour à Lunebourg, vous me faites remarquer que vous êtes le premier fonctionnaire français qui soit rentré dans cette ville, comme vous avez été le dernier qui l'ait quittée. J'ai vu avec satisfaction le zèle que vous avez montré en cette circonstance et je ne doute pas que vous ne continuiez de vous distinguer par votre dévouement. — Montalivet. »

qu'au besoin il viendrait me chercher à Lunebourg pour se passer ce plaisir. Deux jours après, ce brave repassait prudemment l'Elbe en présence des progrès rapides de nos troupes.

Une autre surprise m'était réservée. Par suite du besoin d'hommes et des appels multipliés de toutes les classes, on se décida à rapporter les anciennes exemptions et je me trouvais par ce fait appelé à partir comme soldat. Je dus passer, le 16 août, la révision à Hambourg et, malgré mes réclamations, je fus déclaré bon pour le service ; c'était un moyen de faire acheter un remplaçant. Je ne voulus pas entendre de cette oreille, trouvant que je payais assez largement le tribut dû à mon pays par le service que je faisais ; je déclarai donc que j'étais français avant d'être fonctionnaire et que je préférais prendre le fusil. Mon attitude causa un certain émoi ; le préfet réunit à nouveau, dès le lendemain, le conseil qui biffa bravement sa décision de la veille et je demeurai sous-préfet.

Revenons un moment en arrière. Le 8 juin, j'étais à Hambourg. Ayant empêché un officier supérieur de piller un village, contre tout droit, je fus odieusement dénoncé par lui au maréchal

Davoust, sous prétexte de malversation dans mes fonctions de commissaire de guerre, et d'avoir fait fournir du mauvais pain. Le maréchal ne haïssait rien tant que les gens malhonnêtes et quand il s'agissait, en outre, du bien-être du soldat, sa colère ne connaissait plus de bornes. On sait qu'ayant fait pendre plus d'un de ces tripoteurs qui sont toujours à la suite des armées; il avait reçu le surnom de « grand justicier ». N'ayant aucune raison de douter des renseignements de cet officier, le maréchal conçut une vive irritation et s'exprima, à mon égard, en termes d'autant plus menaçants qu'il avait eu jusqu'alors une excellente opinion de moi. Prévenu par mes amis, j'accourus à Hambourg, je fis parler au prince qui, en un instant, reconnut la fausseté des accusations : il me manda aussitôt chez lui. Il me reçut avec sa brusquerie ordinaire, sans me dire un mot de l'incident. A la fin, avec le ton d'un homme qui vous congédie, il me pria de venir dîner le soir. Depuis il me montra encore plus d'estime et de confiance qu'auparavant.

Mon séjour à Lunebourg devenait absolument intolérable : on me demandait des réquisitions de blés et de voitures que l'arrondissement était incapable de fournir; l'ennemi approchait de nouveau; l'hostilité redoublait, nous n'avions aucune force pour nous défendre. Mon découragement était à son comble, en dépit des lettres réconfortantes que je recevais de mes amis de Paris et même d'un billet particulièrement flatteur de M. de Montalivet. On se décida pourtant à envoyer le général Goujeault avec sa division pour couvrir Lunebourg, et pendant l'accalmie qui se produisit, j'essayai de faire un peu d'administration, notamment de m'occuper de la levée des gardes d'honneur; je ne trouvai pas beaucoup de gardes, et pas un d'honneur, j'en réponds. Le 11 septembre, nos troupes furent battues à Dahlenbourg et le lendemain à six heures du matin, je recevais de mon commandant de place ce laconique billet : « Le général Pêcheux a été pris avec ses troupes et ses canons. Ayez des voitures prêtes au point du jour. ». Je partis avec la colonne militaire, et je comptais si bien être pris en chemin que je laissai argent et objets précieux en main sûre, à Lunebourg. Nous arrivâmes cependant à Harbourg sans incident, mais harcelés sur nos derrières jusqu'à l'Elbe par les éclaireurs ennemis. Nous y restâmes jusqu'à la fin d'octobre et le 4 novembre j'entrai dans Hambourg que je ne devais plus quitter avant la fin du siège, c'est-à-dire jusqu'aux derniers jours du mois d'avril 1814.

Je ne raconterai pas longuement le siège de Hambourg auquel j'eus cependant à prendre part dans une certaine mesure. Le maréchal Davoust avait pris toutes ses précautions. Il avait un principe de guerre trop souvent négligé : exigeant beaucoup du soldat, il voulait au moins qu'il fût aussi bien que possible, notamment au point de vue de la nourriture. Aussi, dans les jours qui précédèrent la fermeture des portes, une véritable razzia fût exécutée à vingt et trente lieues aux environs. Sans cette précaution, Hambourg n'aurait jamais acquis l'honneur de sa résistance prolongée. Tout, d'ailleurs, avait été sagement préparé avant l'arrivée du prince par le colonel de Ponthon, commandant de la place. Le Prince amenait le 13e corps qui constituait une véritable petite armée, avec une artillerie nombreuse ; l'effectif s'élevait à une quarantaine de mille hommes. Dirigés par un chef de la valeur du maréchal Davoust, on pouvait compter sur eux ; tous savaient que l'Empereur tenait énormément à la conservation de Hambourg. Nous comprenions peu cette résolution, car du moment où, ce qu'on ne pouvait plus se dissimuler, les projets de l'Empereur sur l'Elbe étaient avortés, ces troupes solides et aguerries eussent été bien plus utiles dans les rangs de la grande armée que Napoléon commandait en personne.

Peu de jours après mon entrée dans la ville, elle fut étroitement bloquée par le corps d'armée russe de Benigsen : toute communication au dehors fut d'autant plus efficacement interdite que les dispositions du pays nous étaient unanimement hostiles. Dès lors commença l'espèce de captivité qui, pendant huit mois, devait nous tenir privés de tout rapport avec notre pays et c'est là une des plus dures épreuves que l'on puisse subir, jointe à l'inaction à laquelle nous étions condamnés. Le maréchal avait formé une milice à la tête de laquelle les jeunes fonctionnaires français avaient été placés ; j'y eus le grade de lieutenant et j'allai plus d'une fois aux remparts — sans que je veuille prétendre y avoir accompli des exploits — avec un uniforme assez fantaisiste, un brassart tricolore au bras et au côté mon innocente épée de sous-préfet, ou plutôt d'auditeur, car je l'avais conservée précieusement. La vie était triste ; peu à peu elle devint matériellement difficile ; en effet, ignorant la durée du siège, il fallait soigneusement économiser nos vivres. J'avais ramassé pas mal de conserves et nous nous réunissions souvent, apportant chacun notre plat et cherchant à faire contre fortune bon cœur, ce qui n'était pas facile, car l'ennemi avait l'attention de lancer dans les avant-postes des journaux, toutes les fois qu'ils contenaient de mauvaises nouvelles. Le maréchal avait beau se les faire apporter pour en prévenir la diffusion, les nouvelles couraient promptement dans la ville.

Nous ne subissions pas un siège en règle, mais plutôt un blocus entremêlé de combats fréquents. L'hiver ajouta à la rigueur de la situation et les maladies enlevèrent un nombre considérable de soldats. Les Russes bombardaient souvent, de préférence la nuit, et je me rappelle avec quelle précaution, en rentrant le soir, nous rasions les murailles ; avec quelle hésitation nous franchissions les carrefours et les places où parfois les obus tombaient dru. La résistance cependant était facile; les fortifications étaient en bon état, garnies par plus de 300 pièces d'artillerie bien approvisionnées. Chaque jour, d'ailleurs, on augmentait les travaux de défense; le maréchal fit parachever un système complet de palissadement qui amena la destruction de toutes les jolies villas avoisinant la place, dans un rayon de deux mille mètres. Le 4 janvier l'ennemi tenta une attaque générale sur toute la ligne de l'Elbe à l'Alster; il échoua; le lendemain au contraire, nous le culbutâmes sur la digue de l'Ochsenwarde, mais le froid prit ensuite si violemment que toute opération fut suspendue et il fallut se borner à casser la glace autour de la zone de défense pour empêcher une surprise. C'était un travail immense, car il devait être exécuté sur un développement de quatre lieues. Pendant la nuit on faisait circuler des bateaux pour prévenir le resoudage des glaces brisées pendant le jour. Le froid dépassa 16 degrés et l'Elbe fut prise assez solidement pour être praticable à un corps d'armée. On devine le redoublement de travail et de souffrances que cette situation infligea à nos troupes. Force fut de réduire le champ de défense autour de la place et l'ennemi, croyant à notre affaiblissement, redoubla de hardiesse et multiplia ses attaques. Je ne les mentionnerai pas toutes, car je ne prétends pas écrire ici un journal de ce siège mémorable. Je ne puis cependant passer sous silence celle du 6 février ; au début de la journée, la partie parut absolument perdue, mais une vigoureuse reprise changea la situation et la journée s'acheva par une sanglante déroute des assiégeants ; il y périt plus de 1,200 hommes. Ils recommencèrent cependant bien plus vigoureusement le lendemain ; puis le 24 février, et chaque fois ils furent repoussés avec des pertes considérables. Après cela, dès que le dégel commença, l'ennemi renonça à ses attaques générales et se contenta de nous harceler sans cesse, ce qui fatiguait excessivement la garnison, fortement éprouvée par les maladies. Ces alertes se renouvelèrent presque chaque jour et la situation s'aggravait encore par l'hostilité croissante de la population qui nous détestait et qui souffrait de dures privations. Hambourg était devenue lugubre. Les habitants se renfermaient hermétiquement dans leurs maisons, uniquement préoccupés du soin de nous cacher les misérables provisions qu'ils pouvaient avoir conservées ; toute affaire, toute relation sociale avait cessé.

Le soir, la ville le plus souvent était éclairée par de nombreux incendies allumés par les obus ; sortir était devenu un acte vraiment téméraire. Peu à peu on était arrivé à un profond égoïsme ; on apprenait la mort d'un ami qu'on avait quitté la veille ou le matin et on s'en sentait à peine ému. Nous étions là quelques civils qui faisions en conscience notre métier de soldat et cherchions cependant le reste du temps à lutter contre l'ennui. Notre préfet, le comte de Breteuil, aimable et galant homme, qui devait mourir sénateur du second empire, Chaban, d'Aubignosc, Soucy, mes anciens collègues du département, formaient un petit cercle où le grand divertissement consistait dans ces dîners intimes dont j'ai parlé plus haut. D'un autre côté, on exerçait une rigoureuse surveillance sur les habitants indigènes ; les conseils de guerre fonctionnaient en permanence et je n'oublierai pas l'exécution d'un homme qu'ils condamnèrent pour avoir dérobé une langue de bœuf.

Nous étions découragés, devinant bien que le maréchal lui-même ne conservait aucune illusion, bien qu'il donnât constamment l'exemple de la résolution la plus admirable. Par les journaux que l'ennemi nous faisait parvenir, comme je l'ai dit, il était au courant des événements extérieurs. Il comprit qu'il fallait humainement mettre fin à une lutte réellement inutile. Il attendit cependant des ordres et c'est seulement le 29 avril 1814 qu'il nous fit connaître le retour des Bourbons et l'ordre qu'il avait reçu de rendre la place. Du moins eut-il l'honneur, de ne pas capituler et de maintenir notre drapeau à Hambourg après la chute de l'Empire.

## IV

Retour en France. — La Restauration. — Le baron Louis. — Sous-préfecture de Lille. — Les Cent-Jours. — Seconde Restauration. — Première disgrâce. — Monseigneur de Pradt. — Sous-préfecture de Sainte-Menehould. — Le monument de Valmy. — Seconde disgrâce.

(1814-1822)

Le 30 je quittai Hambourg avec mon ami d'Aubignosc que je laissai à Givet, et je gagnai sans retard Toul où j'arrivai, non sans une vive émotion, car depuis huit mois je n'avais naturellement eu aucune nouvelle de ma famille. Tous s'y portaient bien et je repris promptement le chemin de Paris, car j'avais hâte de voir clair dans ma situation.

Je m'attendais à trouver sur ma route, de Châlons à Paris, des traces de dévastation par suite du passage des alliés et je ne vis nullement ce qu'on m'avait annoncé. Moi qui, grâce aux rigoureuses mesures adoptées par le prince d'Eckmühl, me connaissais en dégâts, je constatai tout le contraire en ne rencontrant que deux villages incendiés, et encore étaient-ils mal détruits, car la moitié des maisons étaient encore debout. Nous agissions plus rudement sur notre passage, je dois le reconnaître. Paris avait un aspect anormal ; il était d'un remuant et d'un remué incroyables ; on s'y agitait comme dans une fourmilière. Toutes les têtes étaient singulièrement montées ; on y entendait développer les projets les plus insensés, tenir des propos extravagants. L'accord n'existait nulle part et on ne trouvait pas deux personnes pensant de même. Cependant je ne perdis pas mon temps à regarder et à écouter. Mes anciens protecteurs ne pouvaient plus me servir, étant tous compromis dans la déchéance de l'Empire. Mais je trouvai heureusement, au ministère, le baron Louis qui me reçut à bras ouverts, me promit son appui auprès du ministre de l'intérieur, M. de Montesquiou ; il était persuadé que je devais être compris parmi les fonctionnaires conservés.

L'abbé Louis était originaire de Toul où il avait été chanoine du chapitre Saint-Etienne avec un de mes oncles, — devenu ensuite chanoine de la cathédrale de Munich après son émigration. — Très lié avec mes parents, il m'avait témoigné une constante bienveillance. Conseiller au parlement au moment de la Révolution, l'abbé

Louis en avait embrassé assez vivement les nouveautés et il avait fait les fonctions de diacre à la messe célèbre du Champ-de-Mars, auprès de Talleyrand. Mais dévoué aux institutions monarchiques, il s'était promptement séparé des révolutionnaires et avait émigré en Angleterre. Rentré après le 18 brumaire, il avait servi avec distinction l'Empire en montrant des aptitudes économiques qui lui firent confier le portefeuille des finances par le gouvernement intérimaire de 1814. C'était un petit homme, très actif, très délié, fidèle à ses anciennes connaissances, vivant simplement avec sa nièce ; il ne voulut jamais se marier à cause de son caractère sacré, quoiqu'il ne fut pas prêtre, mais la chronique maligne assurait que cela ne l'empêchait pas de mener une vie assez peu régulière.

Ses promesses ne me rassuraient pas complètement. On parlait de nombreux changements, notamment du rétablissement d'intendances qui auraient compris chacune deux ou trois départements. De plus les auditeurs n'étaient pas en odeur de sainteté auprès du nouveau gouvernement ; on appelait l'auditorat « la pépinière du despotisme ». Tranquillisé cependant par l'activité réelle des démarches du baron Louis et de M. Benoist qui avait conservé une grande influence, je ne pouvais m'empêcher de m'amuser en voyant le flot des candidats accourir des quatre coins de la France, et de flâner pour contempler le curieux spectacle qu'offrait alors Paris où s'exhibaient toutes les modes depuis 1789 jusqu'à 1814. Le 10 juillet je reçus le brevet de chevalier de l'ordre du Lys, ce qui était un bon symptôme, mais dix jours après parurent les premières nominations de sous-préfets et j'en conçus une vive déception. Je pris alors de belles résolutions : me retirer dans ma famille, à la campagne, en attendant l'occasion de me marier et peu s'en fallut que je ne me persuadasse tout à fait de la satisfaction que j'allais trouver à mener cette nouvelle existence. Ce qui ne m'empêcha pas de ressentir une vive joie quand, étant à Soisy, chez mon oncle, le comte Belgrand de Vaubois, j'appris, le 2 août que j'étais nommé sous-préfet de chef-lieu à Lille : trois jours après je fus présenté au roi dont l'attitude digne et bienveillante me frappa vivement : on oubliait, en le voyant, ses infirmités ; je fus réellement charmé des paroles pleines d'à-propos et de grâce qu'il adressa aux membres de la députation de la ville de Toul que j'accompagnais. C'est à cette époque que je connus M. Guizot, alors secrétaire général du ministère de l'Intérieur et que commença avec lui l'amicale liaison qui subsista toute notre vie entre nous.

J'avais été, en fait, admirablement servi par mes amis. M. Benoist, qui ne m'appelait que son enfant, y avait mis tous ses efforts, le baron Louis toute son influence et j'obtenais, sans même avoir été présenté au ministre de l'Intérieur, un important poste. Je pris possession de mes fonctions le 1er septembre, ne me dissimulant pas les difficultés que j'aurais à vaincre. J'avais été préféré à un concurrent désiré dans le pays, mais j'avais un préfet bienveillant, le comte Siméon, qui avait été ministre de la justice dans l'éphémère royaume de Westphalie. Mes débuts furent de nature à accroître encore ma satisfaction. Tout d'abord j'eus à parcourir l'arrondissement pour faire prêter le serment de fidélité par les conseils municipaux. Mon voyage fut une longue ovation, tant les populations étaient heureuses de voir un sous-préfet qui ne leur demandait ni leurs enfants, ni leur argent : dîners, collations, déjeûners, vins d'honneur, tout cela se succédait avec une telle abondance qu'à la fin, je crus que j'allais expirer, comme Vert-Vert, sous des cornets de bonbons. De Paris, il m'arrivait des compliments et, le 13 novembre, je recevais la croix de la Légion d'honneur.

C'est au milieu de cette existence heureuse que le retour de l'Empereur vint me surprendre. A Lille, le changement ne causa aucune agitation ; le 23 mars, la garnison reprit la cocarde tricolore et je dus de demeurer en fonctions à mon titre d'ancien auditeur et à l'arrivée, comme préfet, du baron Dupont-Delporte, mon ancien collègue, que je devais retrouver sous le gouvernement de Juillet, pair et préfet de Rouen. Le travail reprit alors d'immenses proportions : garde nationale à organiser, militaires à rappeler sous les drapeaux, approvisionnements immenses à rassembler ; l'arrondissement était bondé de troupes qui me paraissaient bien mal disposées à s'opposer à l'ennemi. Pour ma part je ne me fis jamais illusion sur l'issue de cette tentative : une seule chance se présentait pour l'Empereur et je crois qu'aucun historien ne s'y est arrêté : la maladresse des souverains alliés qui ne dissimulaient pas leur répugnance à rétablir les Bourbons. Le Nord, le Pas-de-Calais étaient profondément royalistes et ces menaces exaspéraient réellement les populations. Ce ne fut même qu'en faisant venir à Lille cinq mille gardes nationaux de la Somme et de l'Aisne qu'on put maintenir les habitants qui ne cachaient pas leurs désirs. J'avais alors tout à faire. Après avoir organisé complètement les approvisionnements de l'armée qui entrait en Belgique, mon préfet étant tombé malade, je le remplaçai par intérim et je présidais au départ de dix bataillons de gardes nationaux envoyés pour ramener les nombreux prisonniers qu'on pourrait faire.

On sait que tout le contraire arriva. Je quittais Lille au lendemain du désastre de Waterloo, car depuis quinze jours j'étais titulaire de la sous-préfecture d'Abbeville. Le 27 juillet j'étais à Paris où j'entendis d'abord des gens sérieux affirmant que le roi ne reviendrait pas et dissertant sur les combinaisons les plus étranges. Je retrouvai le baron Louis qui avait suivi la cour à Gand, plus puissant que jamais et toujours aussi bienveillant pour moi : il me le prouva sur-le-champ en me faisant maintenir dans mon poste à

Lille et en faisant écrire par sa nièce — dont nul n'ignorait l'absolue influence — au préfet du Nord une lettre qui me donnait une rude tâche pour justifier le jugement porté sur moi. Je retrouvai Lille littéralement en liesse : depuis quinze jours, les repas publics et les fêtes n'avaient pas discontinué, sans se soucier des ravages subis par le département et notamment par l'arrondissement d'Avesnes. Mais ma situation n'était plus la même : mon poste avait été ardemment convoité et je n'avais pas caché au baron Louis les difficultés que j'entrevoyais. Je n'attendis pas longtemps et dès les premiers jours, dénoncé comme bonapartiste, je pus apprendre, ce que j'ignorais encore, à quelles calomnies un fonctionnaire peut se trouver exposé. Mon préfet, le comte Dupleix de Mezy, un descendant de l'illustre gouverneur des Indes, me défendit avec une grande vivacité, en démontrant que tout venait d'un individu, envieux de ma place, qu'il n'hésitait pas à déclarer « plus royaliste que le roi ». Il revint même à la charge en ma faveur et, dans sa seconde dépêche, mit une phrase qui est curieuse à relever. Après s'être absolument porté garant de ma conduite politique, et il ajoute en parlant de moi : « Il n'est pas à la vérité de ceux que le seul mot de charte constitutionnelle fait tomber en convulsion et qui voudrait voir le gouvernement entrer dans une voie de réaction complète. »

Sur ces entrefaites, le duc de Berry vint présider le collège électoral du département ; j'eus à le recevoir à son arrivée et à le complimenter. Prévenu de ma situation, il me montra une bienveillance qui ferma pour un moment la bouche à mes ennemis. Mais ce calme ne pouvait durer : la chute du ministère et l'arrivée de M. de Vaublanc à l'Intérieur donnèrent beau jeu à mes dénonciateurs qui renouvelèrent leurs démarches. Cette fois le baron de Brigode se rendit lui-même auprès du ministre et lui parla de moi dans les termes les plus nets, sans en recevoir aucune parole rassurante. Depuis mon arrivée à Lille, je m'étais lié très intimement avec cet excellent homme qui me témoigna la plus active amitié. Député du Nord, il jouissait d'une haute situation dans le département. Il ne se tint pas pour battu et fit parvenir à M. de Vaublanc une pétition réclamant énergiquement mon maintien, signée de tous ses collègues de la députation.

Pour moi je ne me faisais aucune illusion ; je ne voulus même pas aller à Paris pour me défendre, me contentant d'une lettre très nette et très ferme au ministre pour repousser les accusations formulées contre moi et refuser tout changement qui, même avec avancement — on me proposait la sous-préfecture de Lorient — paraîtrait un blâme de ma conduite politique. Le ministre, embarrassé entre mes protecteurs qui ne désarmaient pas et mes ennemis qui pourchassaient de plus en plus ma place — ils étaient à cette heure trois candidats — me manda le 15 novembre 1815 à Paris et, à tout ce qu'il me dit, je répliquai en demandant mon maintien à Lille ou ma révocation. Il me rappela le 29, me pressant plus vivement, me parlant de ses difficultés, de la crise où l'on se trouvait, mais il ne gagna rien sur moi. L'affaire fut tranchée naturellement à la fin de l'année par une ordonnance royale qui supprima les sous-préfectures des chefs-lieux. Le lendemain j'allai saluer le ministre en lui faisant mes offres de service pour l'avenir et je partis pour passer l'hiver dans ma famille. J'y restai jusqu'à la fin de l'automne ; sentant alors dans l'air certains symptômes de changements, je rentrai à

Paris et ma première visite fut pour le baron Louis qui y était à ce moment ; son accueil fut aussi amical que de coutume ; il me montra même encore plus de bienveillance. « Restez en observation, me dit-il, pendant huit jours ; je suis bien aise de vous avoir vu et que vous soyez ici, je n'ai pas de pied-à-terre ; il m'en faut un. Je ne sais où je logerai, mais vous me cherche-rez et vous me trouverez. » Il entrevoyait déjà sa rentrée au ministère.

J'attendis cependant plus longtemps. Pendant ce séjour forcé à Paris, je vis beaucoup de monde, cherchant à ne pas me laisser oublier et à entretenir le zèle de mes amis. C'est alors que je pus recueillir un certain nombre de faits dont j'entretenais mon père et que je retrouve dans mes lettres qui ont été conservées. Je vais les reproduire ici telles que je les donnais alors.

« Voici la cause du remplacement du marquis d'Herbouville à la Direction générale des postes. M. Decazes savait que ses lettres étaient ouvertes, mais le roi ne voulait pas le croire. Un jour, du consentement de ce prince, il écrivit au préfet de la Vendée une lettre dans laquelle Louis XVIII était fort mal traité. La lettre fut mise simplement à la poste. Deux jours après, la duchesse d'Angoulême, la lettre à la main, crut pouvoir fournir la preuve de la trahison de M. Decazes ; le roi lui répondit en lui montrant la minute qu'il en avait dans son bureau.

« M. Papillon de la Ferté, intendant des Menus-Plaisirs, est d'une sottise et d'un ridicule inimaginables. On en faisait l'observation au roi qui répondit : « Eh! ne sait-on pas que les sots sont dans ce monde pour nos menus plaisirs ? »

« On prêtait à M. de Talleyrand un mot bien méchant. On parlait des affaires du temps : « Si le roi, dit-il, ne veut pas ouvrir les yeux sur ce qui se passe, alors qu'il les ferme tout à fait! »

« J'ai vu, de mes yeux vu, au ministère de la guerre que l'armée, y compris la garde, ne compte pas plus de 73,000 hommes sur le papier, ce qui réduit l'effectif réel à 55,000 au plus (janvier 1817).

« Il est avéré que 75 préfets au moins et 100 sous-préfets travaillent dans un sens opposé au gouvernement. M. Lainé les soutient contre la Chambre qui réclame en vain leur renvoi.

« M. de Rigny — neveu du baron Louis —

est brouillé avec M. Decazes pour lui avoir dit que le budget présenté par le comte Corvetto, était un mémoire de cuisinière.

« M. Dambray est écarté pour avoir présenté au roi une lettre des princes, véritable protestation contre la loi électorale. Le roi leur avait parlé de cette loi comme la plus importante pour la stabilité des institutions. Les princes n'avaient soulevé aucune objection, mais ils s'étaient ensuite réunis pour rédiger ce mémoire dans lequel ils exposaient que, comme membres de la famille royale, ils devaient une obéissance entière au souverain et qu'on ne les verrait jamais s'en écarter ; mais que, comme pairs, ils avaient le devoir d'avoir une opinion, que la loi leur paraissait dangereuse et que, consciencieusement, ils ne pouvaient pas ne pas la combattre : Talleyrand et Vitrolles étaient leurs conseillers. A la séance royale, Talleyrand voulut prendre son rang comme grand chambellan avec les grands officiers de la couronne : M. de Brézé dut lui faire comprendre que, disgracié par le roi, il ne pouvait y prétendre. Le prince demanda alors où il pouvait se mettre et il lui fut répondu que sa place était parmi les pairs. Il s'y rendit aussitôt en se félicitant tout haut de pouvoir venir là où il s'honorait le plus de se trouver. »

Un jour je rencontrai le célèbre abbé de Pradt chez M. de Mézy : on jouait au billard et le prélat, discutant certains coups, se trouva amené à me consulter deux ou trois fois sur des cas douteux. La conversation s'engagea et je rappelai à l'abbé que je l'avais vu au cours de M. Parisot qui avait alors un grand succès à Paris. M. de Pradt me répondit qu'en effet il était allé une fois l'entendre, qu'il avait constaté son talent et qu'il regrettait que ses occupations l'empêchassent de suivre son cours ; il partit de là pour insister sur la puissance que donnait l'art de la parole, puis tout à coup il ajouta : « Tenez, monsieur, je ne reconnais qu'une chose qui exerce un plus grand empire ! — Eh ! quoi donc, monseigneur ? — Une belle femme, monsieur, une belle femme. Il n'y a rien au-dessus de cela. Elle n'a qu'à se montrer et aussitôt tout disparaît ; on ne voit plus qu'elle. Elle charme, séduit, maîtrise, entraîne ; elle réunit tous les suffrages, rien ne lui résiste. Le pouvoir de la beauté est magique et il ne lui coûte que la peine de paraître ; au lieu que l'éloquence des hommes est toujours le résultat d'un travail ; sa puissance est certainement admirable, elle entraîne les hommes. Mais j'en reviens à ma première proposition : le pouvoir d'une belle femme est encore plus étonnant, puisqu'il peut s'exercer, elle n'a qu'à se montrer telle que la nature l'a faite. » On offrit dans ce moment une glace au prélat qui l'accepta et il paraissait en avoir besoin à en juger par les étincelles qui jaillissaient de ses yeux ronds, noirs, brillants, et par ses gestes expressifs.

Je ne m'endormais pas cependant. Un moment, je songeais à accepter la proposition que me faisait M. de Mézy de me rendre auprès de lui à la direction générale des postes, mais on m'en dissuada fortement et, M. Lainé étant devenu ministre de l'Intérieur, on travailla activement à me faire nommer à une préfecture. L'ancien sénateur Gouvion qui appartenait à une vieille famille de Toul, le maréchal Gouvion-Saint-Cyr, d'origine plus modeste, de la même ville, mais avec lequel depuis ses grandeurs, le premier cousinait, Rigny, Garnier, Siméon me poussèrent très chaleureusement et on avait alors en vue la Corrèze. Le 14 décembre 1816 cependant, M. de Mézy ayant mis M. Lainé au pied du mur, le ministre lui déclara que le roi aimait peu les fonctionnaires qui étaient demeurés pendant les Cent-Jours. Une telle réponse me semblait ne plus me laisser d'espoir et le baron Louis lui-même me conseillait d'attendre en cherchant à me faire oublier. Un hasard rétablit mes chances.

Un soir du mois de février 1817 j'étais chez M. de Mézy quand arriva inopinément M. Lainé. Mon ancien chef me présenta aussitôt en disant de moi tout ce que l'ami le plus dévoué pouvait imaginer de plus favorable. Le ministre, très froid d'ordinaire, parut se dérider. Il me parla de l'insistance avec laquelle M. de Mézy l'avait entretenu de ma situation, ajouta que j'avais tout lieu d'espérer, le roi ayant décidé que les anciens sous-préfets de chef-lieu seraient replacés avant tous autres candidats. Il poussa même la gracieuseté jusqu'à m'exprimer ses regrets de ne pouvoir me donner une résidence agréable comme celle de Lille, mais il me fit aussi remarquer que j'y gagnerais en indépendance. Huit jours après j'étais nommé à Sainte-Menehould.

Peu d'incidents sont naturellement à signaler pendant mon séjour dans cette petite ville, agréable d'ailleurs à habiter alors, car on y avait des habitudes de sociabilité qui en rendaient la résidence très supportable. On aimait à s'y réunir ; les dîners étaient fréquents et recherchés ; on multipliait d'ailleurs toutes les occasions de se divertir et on en trouvait facilement l'occasion dans les parties de chasses, les pique-niques, les parties de campagne. Les mœurs de la société n'y étaient pas d'une sévérité farouche et la chronique du temps avait parfois de drôlatiques historiettes à enregistrer. Mais je ne veux pas faire ici de chronique scandaleuse rétrospective. Sainte-Menehould m'a laissé le meilleur souvenir, j'y ai gardé des amis fidèles et reconnaissants qui, à vingt ans de là, devaient me le prouver en formant spontanément un Comité pour m'offrir la députation ; l'administration y était facile et enfin je ne puis oublier que je m'y suis marié.

J'avais pour préfet le plus aimable des chefs, le vicomte Bourgeois de Jessaint, ce préfet légendaire qui nommé dans la Marne à la création des préfectures ne devait abandonner son poste qu'en 1837, et pour le laisser à son petit-fils. C'était un homme intelligent, habile, administrateur facile, mais comptant surtout sur ses subordonnés, sans les couvrir assez, en cas de complication. Il avait été élevé à Brienne avec l'Empereur qui lui porta toujours un vif intérêt ; il sut se maintenir avant les Cent-Jours, pendant et après, grâce au bon vouloir des souverains qui, passant sans cesse à Châlons, logeaient naturellement à la préfecture et y étaient reçus avec la plus exquise courtoisie par M. de Jessaint, et avec une grâce parfaite par sa femme. M. de Jessaint aurait fait un diplomate accompli ; il ne s'engageait jamais, s'avançait faiblement et savait ne pas se compromettre : ce fut l'art de sa longue carrière. C'est lui qui fit mon mariage, il me témoigna toujours une cordiale affection ; mais dans la seule occasion où il s'agit de me défendre, il s'éclipsa. Cela ne m'a pas empêché de demeurer son ami et quand, en 1847, on m'offrit la préfecture de l'Aube ou celle de la Marne, je refusai celle-ci qui me convenait beaucoup mieux, pour ne pas désobliger mon ancien chef et le forcer à quitter cet hôtel où il demeurait depuis presqu'un demi-siècle, car il avait continué de l'habiter avec M. de Sarty, son petit-fils.

Dans le courant de 1820, on mit en avant le projet d'élever sur le champ de bataille de Valmy un monument commémoratif. Il fut accueilli avec faveur dans le pays, mais j'hésitais à m'y associer, sachant qu'il ne devait pas plaire au gouvernement, en consacrant en quelque sorte officiellement le souvenir d'une époque naturellement peu agréable à la monarchie. M. de Jessaint en jugea autrement et me le fit savoir par une dépêche que j'ai conservée. Le duc de Valmy annonça sa présence. La cérémonie eut lieu le 12 octobre 1821, en présence d'un grand concours de population et avec un ordre parfait ; seul M. de Jessaint trouva moyen, au dernier moment, de s'excuser de ne pouvoir venir.

C'est que dans l'entre-temps on avait commencé à exploiter la situation contre moi, ainsi que je l'avais présumé au début ; mais couvert par l'ordre de mon chef hiérarchique, je me croyais absolument à l'abri. On comprit en effet qu'on ne pouvait m'attaquer qu'en englobant M. de Jessaint dans la poursuite. Alors on changea les batteries, en portant tout l'effort sur le discours que je prononçai à l'inauguration du monument. Ce discours était cependant bien inoffensif et je crois utile de le reproduire ici à titre de document ; sa brièveté m'y autorise.

« Messieurs, le maréchal Kellermann qui a joui jusques à ses derniers jours de toute sa gloire, se rappelant, à ses derniers moments, le théâtre de ses exploits, témoigna le désir qu'après lui son cœur y fût déposé sous un simple monument. Ce cœur pouvait-il être mieux placé qu'au milieu de ses frères d'armes morts au champ d'honneur, et l'accomplissement de cette volonté dernière pouvait-elle être mieux confiée qu'au fils du maréchal ? Vous vous êtes empressés de participer à l'érection du monument, vous, anciens militaires, témoins et compagnons de la vie de Kellermann, vous généreux citoyens, admirateurs de sa vaillance, vous surtout, habitants de Valmy qui faites don du champ où s'élève cette colonne, qui sera à jamais le triple monument de la bravoure, de la générosité française et de la pitié filiale. Qui ne serait profondément ému de voir aujourd'hui, à cette place, le fils du brave Kellermann y remplir avec un religieux respect les **volontés** paternelles, au milieu d'un concours si considérable de population. Habitants de Valmy, vous possédez dans ce champ un précieux dépôt ; soyez-en toujours les fidèles gardiens. Si jamais quelque ennemi venait troubler la paix que nous a donné l'auguste monarque, digne fils de Henri IV, dont le gouvernement paternel fait le bonheur de la de la France, soldats, gardes nationaux, jeunesse généreuse, jetez un seul regard sur ce monument : le cœur qu'il renferme enflammera les vôtres ; c'est à la pierre qui le recouvre que vous viendrez aiguiser vos armes ; l'ombre de ce brave capitaine, de ce vaillant duc de Valmy guidera vos pas sous le commandement de son fils, héritier de ses vertus guerrières. Vous marcherez toujours à la victoire ! »

On avouera que rien n'était plus correct, et, je le répète, plus inoffensif. Ce fut cependant une arme suffisante pour miner ma situation : M. de Jessaint feignit d'ignorer les attaques dirigées contre moi pour ne pas avoir à intervenir auprès du ministre qui hésita cependant assez longtemps. On put même croire un moment l'incident oublié, quand, le 5 avril 1822, arriva la nomination du comte Olivier de la Rochefoucauld à ma place. M. de Jessaint m'adressa les plus affectueux compliments de condoléance en m'assurant qu'il se proposait d'aller « dans quelques jours à Paris » et de s'y occuper de moi.

D'ailleurs, il m'assurait être plus surpris encore que moi d'une nouvelle à laquelle il ne s'attendait pas. M. Royer-Collard m'écrivit en même temps un billet qui prouvait au contraire que les menées dirigées contre moi étaient depuis longtemps connues ; je le donnerai plus loin.

La lettre du ministre, M. de Corbière, contenait la phrase habituelle sur le désir qu'il était censé avoir de trouver une prochaine occasion d'utiliser mes services. J'en profitai pour lui répondre de bonne encre ; en finissant je commentai ainsi cette platonique formule : « Vous ajoutez que s'il se présentait une occasion de m'être utile, vous en profiteriez avec plaisir. Si je juge de l'avenir par le passé, je doute beaucoup que cette occasion s'offre à V. E., et d'après sa bienveillance actuelle, je dois la remercier pour ses bontés futures ». J'avais au moins la satisfaction d'avoir un peu soulagé ma mauvaise humeur.

La vérité était que j'étais sacrifié à cause de M. Royer-Collard, qui faisait de l'opposition au cabinet dont M. de Corbière, était membre M. de Corbière, simple avocat à Rennes, y avait été élu député en 1815 et faisait partie de l'extrême droite. On connaissait mes relations amicales avec M. Royer-Collard, député de la circonscription de Vitry et Sainte-Menehould, et, au commencement de 1822, le duc de Doudeauville qui me portait beaucoup d'intérêt, me prévint officieusement que le cabinet ne désirait pas la réélection de M. Royer-Collard, sans vouloir le combattre cependant ouvertement. Je ne crus pas devoir entrer dans cette voie sans un ordre formel du ministre. On n'osa pas me formuler cet ordre et je n'agis pas. M. Royer fut élu et on me révoqua en donnant pour motif ma participation à l'érection du monument de Valmy, pour laquelle je n'avais, au contraire, fait qu'obéir à des instructions officielles.

Je vins alors habiter Paris, cherchant à tromper, par l'étude, l'ennui que, je ne le cache pas, me causait l'inaction à laquelle j'étais condamné. Les huit années que je passai ainsi offrent trop peu d'intérêt pour que je veuille m'y arrêter et je préfère donner place ici à une courte étude sur M. Royer-Collard que je vis très assidument pendant cette période inoccupée de ma vie.

## V

### M. Royer-Collard

Je ne puis m'empêcher de m'arrêter devant le souvenir de M. Royer-Collard. Depuis 1817, date de ma nomination à la sous-préfecture de Sainte-Menehould, — arrondissement qui, jusqu'en 1830 ne fit qu'un seul collège électoral avec l'arrondissement de Vitry, — jusqu'en 1822, date de ma révocation, j'eus des relations particulières avec le député ; je le vis souvent ensuite, surtout pendant mon séjour à Paris de 1823 à 1830. J'allais assidument à ses soirées du dimanche, attiré par la certitude d'y rencontrer des personnages considérables et de les entendre discourir sur les hommes et sur les affaires publiques. Mon opinion sur M. Royer-Collard est donc le résultat d'observations faites pendant bien des années, basées uniquement sur ce que j'ai pu voir et entendre. Je m'exprimerai librement sur lui, car il ne m'a jamais fait ni du bien ni du mal. Je me bornerai à dire ce que j'ai su personnellement, en évitant de répéter ce que tout le monde connaît, ou de parler de ce que j'ignore. Je ne m'occuperai pas du philosophe[1] : je dirai du politique ce que je pense, mais je m'attacherai surtout à faire bien apprécier l'homme.

Le caractère, le tour d'esprit, les premières idées que M. Royer-Collard avait conçues en 1789 ne lui permettaient ni de s'arrêter à de graves considérations, ni de revenir sur le système politique qu'il s'était fait : il y est resté absolument rivé. Toute sa vie a été consacrée à cimenter l'alliance de la monarchie légitime avec les principes du libéralisme. Cette alliance a été sa pensée constante, l'objet de ses travaux, le but de tous

---

1. Un mot seulement. Un de mes amis sachant que je voyais M. Royer-Collard, m'exprima le désir d'avoir un exemplaire du discours prononcé en 1813 par le célèbre professeur à l'ouverture de son cours à l'Ecole normale, discours qu'on ne pouvait se procurer chez les libraires. Je me chargeai de la commission. Lorsque je demandais son œuvre, M. Royer-Collard me dit avec un sourire légèrement ironique : « Je doute que vous compreniez grand chose à cela. » Puis il prit une plume, corrigea deux syllabes sur deux pages de l'opuscule et me le remit. J'avoue humblement que M. Royer-Collard se donna là une peine inutile, car je ne me serai certes pas aperçu de la nécessité de ces corrections, qui, en effet, ne rendaient pas le petit chef-d'œuvre plus clair.

ses efforts. Nous devons reconnaître la sincérité de ses intentions, toute sa persistance inébranlable pour reconcilier en France la Royauté et la liberté. Mais nous devons reconnaître aussi que pendant plus de quarante ans il a perdu son temps, car il était difficile, si non impossible, de fusionner le principe d'autorité avec le principe du libre examen. Jusques en 1830, M. Royer-Collard a espéré parvenir à ses fins ; mais dès les premiers mois de cette année il commença à sentir sa conviction s'ébranler et la révolution de juillet vint bientôt troubler définitivement sa confiance dans son infaillibilité. Cette déception qui anéantissait en quelque sorte toute sa vie politique, qui bouleversait ses idées les plus arrêtées, qui lui faisait sentir son erreur, jeta le trouble, le découragement, le mécontentement de lui-même dans sa fière raison. Il n'a pardonné ni au temps, ni aux hommes, ni au gouvernement, ni surtout à Louis-Philippe d'avoir concouru à un évènement aussi contraire à ses vœux qu'à ses prévisions. Son âge avancé l'avertissait d'ailleurs qu'il était trop tard pour tenter une autre voie et que sa carrière touchait à sa fin. Tout ce qui précède ressort d'une conversation que j'eus avec lui, en

1837, lors d'un voyage que je fis à Paris et que je suis certain de rapporter avec une parfaite exactitude.

Après m'avoir parlé des difficultés de la préfecture qui venait de m'être confiée, il me dit : — Je suis trop vieux pour servir de nouveaux maîtres. Je ne suis plus de ce temps : d'ailleurs, je n'ai pas de goût pour Louis-Philippe, quoique je reconnaisse que, dans un moment donné, il ait rendu des services au pays. — Mais il me semble que dans la circonstance à laquelle vous faites allusion, la raison doit faire accepter ce qui peut être le préservatif de grands dangers. — C'est possible, mais je n'ai pas de goût pour cet homme-là, bien que lui seul peut-être nous sépare de la République. — Si telle est votre opinion, votre haute raison, votre conscience ne vous obligent-elles pas à le soutenir ? — Encore une fois je n'ai pas de goût pour cette homme. Je ne ferai rien pour lui, ni rien contre lui. Son gouvernement n'est fondé sur rien de solide. — Eh bien ! si cela était en votre pouvoir, lui substitueriez-vous M. le duc de Bordeaux ? — Je m'en garderai bien. — Et il ajouta quelques mots qui signifiaient que dans l'état de l'esprit public, ce Prince encore enfant ne pourrait être maintenu.

Cette résistance obstinée qui ne justifiaient aucuns raisonnements, me surprit et m'affligea. Mais elle représentait bien le caractère de M. Royer-Collard, mécontent d'avoir à reconnaître qu'il s'était trompé et incapable cependant de se relacher de son inflexible raideur. Il n'admettait pas de concession. S'il avait été appelé à faire partie d'un ministère, il y eût apporté un élément plus dissolvant encore que M. Dupin. Pour qu'un gouvernement fut de « son goût », pour qu'il l'appuya sans réserve, il fallait que ce gouvernement se soumit aveuglément aux conseils, à la direction, disons le mot, à la férule de l'illustre professeur. Si un seul jour, il n'était pas écouté, une rupture était certaine et elle était sans retour possible. C'est ainsi qu'en 1819, le ministère de Serre lui ayant enlevé son siège au conseil d'Etat, M. Royer-Collard en reçut une blessure qui ne se guérit jamais, parcequ'il se sentait frappé dans l'opinion de l'immense supériorité qu'il croyait avoir en tout et sur tous. Lui-même répétait souvent : « Je suis tout d'une pièce, il faut me prendre tel que je suis. »

Mais nous devons reconnaître que, si M. Royer-Collard, par son caractère entier et irritable, échouait trop facilement sur un fâcheux entêtement, il était doué d'une rare sagacité pour la prévision des évènements. Cette perspicacité éclatait à chaque instants et nous pouvons nous-même en donner quelques exemples personnels.

En mars 1822, lorsque je fus, comme je l'ai dit, révoqué de mes fonctions de sous-préfet de Sainte-Menehould à cause de la sympathie que je n'avais pas su ou pu refuser à M. Royer-Collard aux élections de l'année précédente, je crus devoir lui en écrire, sachant qu'il n'ignorait pas la véritable cause de ma destitution. Voici sa réponse :

« Ne sachant plus, monsieur, où vous prendre je prie M. le général Grandjean, qui a l'espérance de vous voir bientôt de se charger de ce mot pour vous. Je savais aussi depuis quelques mois que vous seriez sacrifié au parti ; je crois que l'ancien ministère ne vous aurait pas sauvé. Il a eu bien d'autres faiblesses. Quoique votre destitution vous honore, j'y ai regret pour l'arrondissement de Sainte-Menehould. Le temps de la réparation viendra, vous y assisterez. Je mets beaucoup de prix aux sentiments que vous m'avez témoignés en toute occasion. J'en garde soigneusement la mémoire et ne la perdrait point. »

Cette lettre contient tout Royer-Collard : on y sent la rancune que lui a inspiré le ministère en le frappant, quand il dit qu'il « a eu bien d'autres faiblesses » ; mais on y reconnaît aussi la prescience de son auteur, qui dès 1822, devinait l'impuissance de la politique inaugurée par l'avènement au pouvoir du parti ultra, quoique cette politique, fortifiée par l'appui incontesté du succès électoral, parut alors dans des conditions de durée sérieuse. Ces apparences n'en imposèrent pas à M. Royer-Collard et l'insuccès du système lui apparut dès ce moment certain. Il ne devina pas l'entraînement de la monarchie dans cet effondrement, parcequ'alors sa personnalité revenant en jeu obscurcissait son jugement ; il croyait toujours en effet à la possibilité de l'alliance de la monarchie et du libéralisme.

Dès 1829, M. Royer-Collard disait à ses amis trop ardents, en essayant de les contenir, qu'ils ne connaissaient pas assez le roi Charles X et qu'à la fin ils le pousseraient à quelque extrêmité fâcheuse. Les élections de 1830 m'appellèrent à Vitry, comme tous les électeurs de l'arrondissement de Sainte-Menehould. J'y trouvai M. Royer-Collard et dans la matinée du 13 juillet j'eus avec lui la conversation suivante :

« Nous avons fait, lui dis-je, tous nos efforts afin que vous obteniez aujourd'hui une majorité plus considérable que toutes celles que vous avez eues jusqu'ici et je suis convaincu qu'elle sera telle que nous le désirons.

« Je reconnais bien là vos sentiments pour moi et je vous en remercie.

Et comme je lui exprimais les inquiétudes que les projets prêtés au gouvernement inspiraient, il me répondit :

« Eh ! mon dieu, je les partage d'autant plus toutes ces inquiétudes que je vois ce que tout le monde ne voit pas. Je vais vous le confier, mais gardez-le pour vous. J'ai vu le Roi l'an passé à peu près à pareille époque et lui-même ayant amené la conversation sur la politique, je lui ai dit ce que je pensais sur celle suivie par son gouvernement. Il m'a écouté avec bienveillance, avec intérêt même, il a discuté avec moi, comme un homme qui veut s'éclairer, qui n'a pas de parti pris. La discussion a été assez vive puisque je l'ai contredit et que je lui ai même coupé la parole. Il ne s'en est nullement formalisé. Le Roi a terminé cette conversation en m'assurant avec bonté qu'il penserait à ce que je lui avais dit et que nous en reparlerions. Le temps s'écoula, je ne revis pas le Roi. Il y a environ deux mois que, déterminé par tout ce que je voyais et ce que je prévoyais, je me rendis aux Tuileries. J'y fus accueilli avec bienveillance ; je mis le premier la conversation sur la politique : je revins sur les considérations que j'avais déjà exposées au Roi. Cette fois il m'écouta avec politesse, mais ne me fit aucune objection : il ne cherchait pas la discussion, en un mot il me parut qu'il ne délibérait plus et que sa résolution définitive était arrêtée. Il est clair pour moi que nul ne peut prévoir l'avenir de la France et que d'ici à un mois, à peu de jours peut-être, nous devons nous attendre à tout. Jugez d'après cela de mon anxiété. » Quinze jours après la révolution donnait raison à M. Royer-Collard. Mais pour en revenir à l'attitude politique de M. Royer-Collard pendant la Restauration, elle me paraît facile à expliquer rapidement.

Lorsque M. Royer-Collard empêcha que la majorité de la Chambre introuvable atténuât la loi d'amnistie proposée au nom du Roi ; lorsqu'il soutint que le gouvernement ne devait pas être à la discrétion de la majorité ; lorsqu'il défendit la prérogative du monarque contre l'envahissement de Chambre et contre les deux oppositions ultra et libérales ; lorsqu'il proclama que le gouvernement avait donné des preuves irrécusables de sa loyauté et de son dévouement à la cause nationale, M. Royer-Collard occupait une haute situation : il était à la tête de l'instruction publique, l'un des conseillers le plus intime de la couronne, son orateur le plus écouté et le plus dévoué ; il observa la même ligne politique jusques en 1819. Le cabinet qui remplaça celui de M. Decazes suivit moins docilement les avis de M. Royer-Collard qui était habitué à ce qu'on comptât avec lui. Son mécontentement fut visible et il se prononça contre le nouveau ministère dans un vote décisif : quand une disgrâce répondit à cet acte d'hostilité, le royaliste irrité rompit avec le pouvoir qu'il avait servi jusqu'alors avec autant de zèle que de constance et il passa à l'opposition libérale dont il devint bientôt le chef, prêtant à ses nouveaux alliés toute la puissance de son talent, sans craindre, sans même soupçonner, malgré sa perspicacité, les conséquences de son évolution. Il attaqua avec vigueur le ministère Villèle dans toutes les occasions, et, devenu président de la Chambre, il eût le triste courage de lire à Charles X l'adresse de refus de concours des 221. Tels sont les faits. Je ne doute pas que M. Royer-Collard n'ait persévéré au fond du cœur dans sa fidélité à la dynastie, entraîné par sa préoccupation de fonder une royauté libérale, mais il me semble évident qu'il faut chercher les causes de ses changements dans le despotisme de son esprit qui le portait à prétendre absorber toutes les volontés dans la sienne, dans la raideur de son caractère qui allait jusques à l'entêtement, dans ses dispositions à s'irriter dès qu'on n'adoptait pas aveuglément ses sympathies, ses répulsions, ses rancunes; enfin dans l'opinion exagérée qu'il avait de son mérite qui ne lui permettait pas de douter de ce que j'appellerai son infaillibilité.

Sur la religion, comme sur toute chose, M. Royer-Collard avaient des idées qui lui étaient propres. Je les respecterai parce que chacun de nous a trop à faire chez soi pour prétendre s'occuper de la conscience de son voisin. J'en resterai là si quelques mots de M. Royer-Collard ne me suggéraient certaines réflexions. Bien qu'il ait répété que sous ce rapport « il ne s'était jamais révélé tout entier à personne », il disait à ses filles qui le pressaient : « J'ai une foi qui croit, mais je n'ai pas la foi qui voit : elle est si précieuse cette foi, qu'il faudrait aller la chercher jusques dans les entrailles de la terre. Je ne suis pas tel que je le voudrais pour m'approcher de l'autel : si je voulais y aller, je tomberais. »

J'hésite à ce propos à rappeler deux circonstances qui me concernent tout particulièrement. Je passerai outre cependant, dans la crainte en me taisant d'obéir aux inspirations d'une susceptibilité vaniteuse et de céder à mon tour à la pression d'une dissimulation peut-être intéressée.

Quelques années avant 1830, j'allais un dimanche matin voir M. Royer-Collard. Je le rencontrai près de Saint-Sulpice. Je l'abordai : il me dit qu'il allait à la messe, et ajoutant avec un air d'une indicible suffisance : « Sans doute, vous n'y allez pas, vous ? » Ces quelques mots, accompagnés d'un sourire railleur, signifiaient si clairement, « vous, vous êtes un esprit fort », qu'en vérité je ne sais pas si ce mot n'a pas été prononcé. Cette question imprévue et ainsi formulée, me causa une pénible impression et m'ota la présence d'esprit pour lui répondre et toute envie de l'accompagner.

Un souvenir encore avant d'en finir avec M. Royer-Collard.

Je venais d'être nommé à la préfecture de Maine-et-Loire. J'étais naturellement inconnu à Angers, mais on sut que j'étais propriétaire dans la Marne et on me demanda naturellement si je connaissais le député de Vitry, et je répondis ce qu'il en était de mes relations avec lui. Mais on ne s'en tint pas là, et on voulut se renseigner directement auprès de M. Royer-Collard. Peu de temps après dans une conversation avec un ami, dont je pouvais être sûr, il me parut douter de la bienveillance de M. Royer-Collard à mon égard et vivement pressé par moi, il finit par me dire que M. Royer-Collard aurait dit en parlant de moi : « On vous a donné là un maigre préfet. » Cette confidence me préoccupa tout naturellement et je saisis la première occasion d'écrire à M. Royer-Collard, afin d'avoir de lui une lettre, dans laquelle je pus trouver un reflet de son opinion sur moi et qui pût aussi au besoin être montré à mon ami. Elle ne se fit pas attendre :

Châteauvieux, 28 juillet 1831.

« Je ne veux pas, monsieur, reprendre le chemin de Paris et de la Chambre sans vous remercier de la lettre que vous m'avez écrite et du bon souvenir que vous gardez de mes anciennes relations. Elles me sont fort présentes, et si elles n'ont pas porté de meilleurs fruits, ce n'est pas ma faute. Vous n'avez pas au reste à le regretter aujourd'hui : vous étiez meilleur à prendre dans la disgrâce que dans quelque position que ce fût. J'entends dire du bien de vous de tous côtés et rien que du bien.

« J'ai fait ce que j'ai pu pour ne pas être réélu : je n'y ai pas réussi. Il y avait à cet égard un parti pris dans la grande majorité du collège de Vitry. Je n'ai pas cru devoir rompre par un refus obstiné avec mes compatriotes et le peu d'amis politiques qui me restent à Paris. Voilà tout. Si vous m'avez supposé quelques espérances personnelles, du moins désabusez-vous. Ma vie publique est finie : « Non defensoribus istud tempus eget. » Adieu, mon cher monsieur, ne m'oubliez pas tout à fait et comptez sur mon affection »

Cette lettre est certainement aussi amicale que flatteuse, mais rien ne prouve que mon ami m'ait fait un rapport mensonger. M. Royer-

Collard pensait ce qu'il m'écrivait, mais l'occasion de lancer une plaisanterie qu'il prenait pour un bon mot se présentant, il a très bien pu céder à la tentation de mordre sans songer au mal qu'il pouvait faire. C'était son caractère.

Sans doute M. Royer-Collard était un orateur habile, aimant la rigueur, l'enchaînement logique, l'énergie de l'expression ; il entraînait, mais ne procédait point par insinuation. Il connaissait la tactique des assemblées ; il ne disait pas ce qu'il pensait lorsque cela pouvait nuire à sa cause ; mais il était trop loyal pour dire ce qu'il ne pensait pas ; trop consciencieux pour créer des théories symétriques, trop confiant dans sa force pour employer des mots vulgaires. M. Royer-Collard n'improvisait pas ; il l'aurait pu facilement, mais la haute opinion qu'il avait de son talent lui inspirait la légitime ambition de traiter les questions mieux que ses rivaux. Il pensait que pour arriver à ce but, il fallait être fort et concis. Un jour il expliqua devant moi que lorsqu'il avait à prononcer un discours, ou même une simple allocution, il méditait à l'avance sur ce qu'il avait à dire, disposant ses divisions et ses arguments dans sa tête, combinant longtemps ces divers éléments, ajoutant, retranchant, effaçant comme sur le papier ; puis une fois son plan arrêté, il rédigeait, toujours mentalement et alors, ajoutait-il, les paroles venaient.

Nous quitterons le philosophe et l'homme politique pour ne plus nous occuper que de l'homme privé et de l'austère père de famille. Je me sers avec intention de cette qualification modeste, précisément parce qu'elle est moins pompeuse et, à mon avis, plus juste que l'expression habituellement employée par les admirateurs de M. Royer-Collard, lorsqu'on représente cet homme célèbre comme le modèle le plus parfait de la majesté du père de famille. Cette majesté, comme toutes les majestés de notre temps, est bien attaquée, bien amoindrie ; il nous faut nous incliner et réduire à ce qu'elle était cette auréole de majesté dont on a trop longtemps entouré la figure de M. Royer-Collard. Que lui restera-t-il alors ? Ce qu'il avait réellement : une gravité constante, calculée et qui n'était pas exempte d'un peu de pédantisme. Le père de famille, comme le politique, comme l'homme privé, ne pouvait se dépouiller tout à fait de la robe ni du ton doctoral du professeur : l'oreille reconnaissait celui-ci ; l'œil apercevait toujours celle-là. Telle a toujours été l'impression que me causa M. Royer-Collard chaque fois que je l'ai vu, soit dans sa famille, soit dans ses soirées du dimanche.

On a souvent eu peu d'adresse pour faire l'éloge de M. Royer-Collard. Les faits se pressent à l'appui de cette observation, et le premier qui se présente, c'est le système imaginé par le père de famille et appliqué à l'éducation de ses filles. « Je ne veux pas, leur disait-il, que vous soyez des Dames ; je saurai bien vous en empêcher. » Le temps heureusement a fait justice des prétentions de M. Royer-Collard dans sa famille comme en politique, et bon gré mal gré, ses filles sont devenues des « Dames », dignes de tous nos respects, mais qui probablement auraient été fort étonnées si on leur avait contesté ce titre. Ses intentions étaient certainement aussi pures à l'égard de ses enfants que celles dont il était animé pour la légitimité. Mais nous allons prouver cependant que l'erreur du père de famille avait été plus profonde encore que celle de l'homme politique.

J'avais remarqué que M$^{me}$ Royer Collard n'occupait pas dans son intérieur toute la place qui appartenait à une maîtresse de maison ; mais j'ignorais que le droit d'élever ses filles eût été transféré à un autre. M^me Royer-Collard, d'une honnêteté et d'une piété parfaites, avait des manières irréprochables. Son accueil était agréable et bienveillant et si elle parlait peu, tout ce qu'elle disait, était marqué au coin du bon sens, du tact et de la bonté. Elle écrivait avec élégance. Je ne saurais déterminer la cause de cet effacement imposé à une femme respectable là où elle aurait dû avoir la première place. M. Royer-Collard, absorbé dans la contemplation de sa supériorité, avait-il prononcé *in petto* un arrêt d'insuffisance pour l'éducation de ses filles contre l'esprit modeste et judicieux de sa femme ? Le père a-t-il craint que sa compagne, dont le ton et les manières indiquaient une femme bien née, ne fît de ses filles des « Dames » ? Le disciple, l'admirateur de Port-Royal a-t-il pensé que Marie-Jeanne serait plus propre que M^me Royer-Collard à faire pénétrer ses idées de prédilection dans les jeunes cœurs de ses filles ? Je crois qu'il serait malaisé de répondre à chacune de ces questions isolément, parce que c'est dans la réunion de toutes, au contraire, qu'on pourrait trouver la solution de l'étrange détermination adoptée par M. Royer-Collard. Et voilà pourtant où en arrive un homme de haute valeur, mais doué d'un esprit trop systématique, s'il ne sait se tenir solidement en garde contre une confiance exagérée en lui-même ; il s'agit alors précisément comme un mari sans expérience, sans respect pour le caractère de sa femme, à laquelle il enlève l'éducation de ses filles et l'administration de la maison pour faire d'une Marie-Jeanne, « la fille des champs, » une institutrice et une majordone..

J'ai vu cette « fille des champs, » petite vieille, estropiée, l'âme de la maison et dont le nom semblait véritablement remplir la bouche de son maître qui se plaisait à le prononcer sans cesse. Je ne conteste — on l'a vu — aucune de ses qualités, mais on ne pouvait choisir une personne moins apte que Marie-Jeanne à élever des jeunes personnes non destinées à rentrer dans un couvent de rigoureuse observance. Autant la pensée de notre fin est salutaire à tout âge, autant il est bon que la jeunesse n'ignore aucune des misères humaines, autant aussi il est sage de ne les mettre sous les yeux qu'avec prudence et mesure. Mais Marie-Jeanne exagérait au contraire ces enseignements, d'où il résultait pour ses élèves ou un fâcheux émoussement de leur sensibilité, ou une exaltation malsaine pour le moral comme pour le physique. Aussi n'ai-je pas oublié une scène que l'une de ces jeunes filles, âgée alors d'une quinzaine d'années, fit un soir dans le salon de son père en présence d'une réunion assez nombreuse ; elle indiquait bien l'état de son esprit. Quelqu'un ayant dit un mot de l'Evangile, M<sup>lle</sup> Royer-Collard se lève et s'écrie du ton le plus élevé et le plus animé : « Ah ! l'Evangile ! quoi de plus beau ? Parlez-moi de l'Evangile ! Ah ! l'Evangile, l'Evangile ! » Cette exclamation prolongée interrompit la conversation, en excitant l'étonnement de assistants qui s'interrogeaient du regard pour se communiquer leur surprise et se demander ce que signifiait cette étrange sortie.

Entrons maintenant chez M. Royer-Collard, rue d'Enfer, où se réunissaient le dimanche ses amis et les hommes politiques inclinant vers une opposition modérée. Il recevait dans une vaste pièce, qui lui servait de cabinet de travail et dont les murs étaient, du haut en bas, couverts de rayons chargés de livres, sans oublier ceux qui encombraient de toutes parts cette vaste pièce. Là, point d'ornements, point de meubles recherchés ; il n'y avait que le strict nécessaire. On sentait comme un froid vous envahir en présence de cette sévérité et de cette propreté raffinées. Mais je ne qualifierai pas de parcimonie l'économie de M. Royer-Collard, car un jour, c'était en 1824, il m'a dit qu'il n'avait que 17,000 livres de rente. Or, si on se rappelle que son appartement, ayant vu sur le jardin, était considérable et lui coûtait au moins 3,000 livres de loyer ; qu'il y avait dans cet intérieur quatre maîtres et deux ou trois domestiques ; qu'enfin il y avait souvent le dimanche un dîner assez nombreux, on reconnaîtra combien il fallait d'ordre et de sagesse pour subvenir, à Paris, à la dépense d'une pareille maison avec 17,000 livres de rente. Cette habitude d'une vie simple et austère était donc bien entendue, et je ne suis entré dans ces détails que parce qu'ils révèlent, au moins autant la prudence du père de famille que le rigorisme du janséniste, et qu'ils rehaussent singulièrement le mérite d'avoir refusé la pension de 10,000 livres qui aurait mis M. Royer-Collard dans une véritable aisance. M. Royer-Collard n'était pas parcimonieux, et il ne faisait pas cas de l'argent ; mais, forcé d'être économe à cause de la médiocrité de sa fortune, il conserva dans sa vieillesse l'habitude de ne s'accorder que le nécessaire, même après l'héritage recueilli un peu tard par sa femme.

Dans ce salon se rencontraient selon le temps, M. de Serre, M. de la Boullaye, son satellite, M. Cousin, l'élève le plus soumis du maître de la maison, M. Guizot, qui montrait alors une grande déférence pour lui, le duc de Broglie, l'ami fidèle de M. Guizot, M. Casimir Perrier, M. Villemain, M. Humblot-Conté, alors député, M. Augier, l'académicien à la distraction proverbiale, le janséniste comte de Montlozier, M. Andral, qui devait devenir le gendre de M. Royer, M. Genty de Bussy, M. de Rémusat, les neveux Royer-Collard, M. Bourgeois, etc. M. Royer-Collard recevait avec politesse, mais il posait toujours. De même que la mise simple d'une maîtresse de maison indique l'usage du monde, de même pour bien remplir son rôle, celui qui reçoit, doit s'occuper de chacun et veiller à ce qu'il y ait, dans la conversation, place pour tout le monde. Mais M. Royer-Collard la remplissait tout entière. Sa parole grave, souvent sérieusement ironique et toujours sonore, résonnait comme une basse dans un concert. Sa voix dominait dans son salon en se faisant constamment entendre dans son auditoire qui lui prêtait une oreille attentive ; M. Cousin lui-même ne se permettait que rarement de prendre la parole ; seul M. Bourgeois parlait à tort et à travers ; il avait, pour pouvoir agir ainsi, certains droits particuliers que personne n'ignorait.

Reconnaissons que les disciples de M. Royer-Collard semblaient pour la plupart se modeler sur lui. Il y avait dans leur marche, dans leur tenue, dans leur manière de parler quelque chose de froid, de raide, de compassé ; c'était comme une épidémie qui atteignait plus ou moins tous les habitués de la maison. On aurait dit que Marie-Jeanne les passait « à l'empois » dans la salle à manger qui servait d'antichambre, avant de les laisser entrer dans le salon. Moi-même j'ai constaté, tant l'exemple est contagieux, que j'accentuais mes paroles et mes pas, en sortant de chez M. Royer-Collard, plus qu'en y entrant.

La conversation roulait uniquement sur les nouvelles du jour, sur les incidents politiques, sur les discussions parlementaires, sur les hommes du gouvernement qui n'étaient pas ménagés. Ce salon était l'écho fidèle de la politique libérale sous la Restauration. On ne s'y occupait ni de science, ni d'art, ni de littérature.

## VI

Révolution de Juillet 1830. — Préfecture de Maine-et-Loire. — Les royalistes. — Un banquet séditieux. — Je suis accusé d'être chouan. — Don Pedro. — Préfecture de Saône-et-Loire. — M. de Lamartine. — Préfecture de la Haute-Saône. — Mgr Mathieu. — Préfecture de la Loire. — Préfecture de la Charente-Inférieure. — Le baron de Chassiron. — La comtesse douairière Duchâtel. — Préfecture de l'Aube. — Un bon mot du roi Louis-Philippe. — La maison centrale de Clairvaux. — Révolution de 1848.

(1830-1848)

J'étais au mois d'août chez moi, à la campagne dans l'arrondissement de Sainte-Menehould, quand, un soir, un gendarme m'apporta une dépêche du ministère de l'intérieur. A cette époque, les nouvelles étaient lentes à arriver : je venais d'apprendre, deux ou trois jours auparavant les évènements de Paris et j'étais indécis sur le parti qu'il convenait de prendre au moment où la plupart de mes amis arrivaient au pouvoir. Cette dépêche me causa une extrême surprise : elle contenait un billet de mon vieil ami Paulze d'Ivoy, billet des plus laconiques, disant seulement que le ministre de l'intérieur — M. Guizot

— me mandait sur-le-champ. Je partis au matin et me rendis, en descendant de la malle-poste, chez M. Guizot. Je le trouvai dans son cabinet, froid et calme comme toujours, parlant peu ; il parut cependant satisfait de mon empressement et, sans circonlocution, me proposa la préfecture de Maine-et-Loire. Je montrai, tout d'abord, une certaine hésitation : j'eusse voulu gagner quelques heures pour consulter mes amis et me fixer sur la situation politique dont, à vrai dire, je ne savais pas, alors, le premier mot. Au premier abord, Angers me parut une résidence difficile par suite de l'opposition évidente des populations de cette région au nouvel état de choses.

M. Guizot coupa court à mes réflexions en me disant : « Je vous ai choisi parce qu'il me faut à Angers, un homme sûr et ferme. » C'était à prendre ou à laisser, comme on dit vulgairement ; j'acceptai. Ma nomination parut le surlendemain signée par le lieutenant-général du royaume (5 août 1830).

Deux jours après j'étais à mon poste et je prenais les rênes de l'administration, sans m'en dissimuler les difficultés. Je n'ai pas l'intention de parler longuement de la seconde partie de ma carrière. Je crois intéressant cependant d'en retracer rapidement les péripéties pour faire un peu connaître quelles étaient les mœurs administratives, sous le gouvernement de Juillet. Ce travail aura au moins le mérite de la nouveauté.

Nul n'ignorait qu'à ce moment le département de Maine-et-Loire était l'un des moins faciles à diriger. C'était en effet un de ceux où le régime déchu comptait le plus de partisans et où l'on songeait à réorganiser la chouannerie. Je trouvai cependant, en arrivant, un excellent auxiliaire dans la députation composée de MM. Augustin et Charles Girault, de Robineau, Bodin, Duboys, Benjamin Delessert et le marquis d'Andigné de la Blanchaye. Mes débuts furent heureux et le gouvernement me donna une preuve de satisfaction dès le mois d'octobre 1831 en me conférant le titre de maître des requêtes en service extraordinaire. Une police prudente, mesurée, très exacte me permettait de renseigner suffisamment le ministère sans causer aucune vexation et sans motiver de dépenses exagérées. M. Thiers m'en remercia par une note autographe ajoutée à une dépêche officielle du

31 octobre 1832 : « Je me plais à vous témoigner ma satisfaction de l'ordre remarquable et de l'économie que vous introduisez dans la comptabilité des fonds alloués pour la police secrète. » Le gouvernement, malheureusement, ne me secondait pas assez au point de vue des moyens répressifs : les paysans, sur plusieurs points, manifestèrent de bonne heure des tentatives de rébellion : des bandes armées parcouraient même le pays, et le général comte Bonnet, commandant militaire de la région, réclamait vainement, comme moi, une augmentation de l'effectif des troupes. Les ministres nous renvoyaient de l'un à l'autre en nous adressant des compliments. L'arrondissement de Beaupréau était celui qui me donnait le plus d'inquiétudes, et encore, n'y existait-il de garde nationale organisée que dans six communes, sans cela nous n'aurions su agir (octobre 1833). Je crus devoir alors recourir au comte Drouet d'Erlon que je connaissais et qui commandait à Nantes, mais il me répondit que lui-même manquait de forces suffisantes. A Paris, on me prodiguait des encouragements écrits, on me répétait que mon énergie suffisait à tout ; la routine

bureaucratique était toujours la même et, de la rue de Grenelle, on prétendait tout diriger sans fournir les moyens d'action.

Cependant, en Maine-et-Loire, les inquiétudes étaient très grandes et elles provoquèrent un jour un incident vraiment comique. Un matin, je vis arriver à la préfecture, sous le coup d'une émotion profonde, le marquis d'Andigné, me déclarant qu'il était suivi par une formidable bande de chouans qui traversait les Ponts-de-Cé : il fut si pressant que je télégraphiai la nouvelle à Paris, mais en en attribuant prudemment toute la responsabilité à l'honorable député. Bien m'en prit : la journée se passa tranquillement sans que le marquis, pourtant, crut devoir quitter mon cabinet et il fut démontré qu'il avait pris un champ de chardons agités par le vent pour cette terrible armée de rebelles. L'agitation d'une partie de la population me força néanmoins à prendre quelques mesures pour assurer la sécurité de certains membres influents du parti légitimiste, restant sagement en dehors de toute participation aux mouvements et qui n'en étaient pas moins sérieusement menacés. Je fis incarcérer MM. de Cadoudal, de Gibot et plusieurs de leurs amis, qui plus tard vinrent loyalement me remercier d'une décision qui probablement leur avait sauvé la vie. Au même moment, j'eus à étudier le département au point de vue des élections au Conseil général, et je ne dissimulai pas au ministre mes regrets de voir l'abstention de la noblesse locale qui possédait en réalité l'influence que donnent légitimement la naissance, la fortune et l'éducation, ce qui, de la sorte, « empêchait la représentation cantonale d'être convenable. » Je soutins cependant, autant que je le pus, les candidatures des comtes de Serent, d'Oysonville, légitimistes modérés, du comte de Contades, pair, du marquis de Préaux qui jouissait par son immense fortune et son intelligence d'une très grande influence. Les votes des électeurs répondirent à mes désirs et je pus dès lors m'occuper plus librement de la situation matérielle qui s'aggravait dans mon département, où M<sup>me</sup> la duchesse de Berry avait passé vingt-quatre heures sans que je voulusse le savoir. J'adressai rapports sur rapports au ministre qui me répondait invariablement d'user de persuasion, affectant de ne vouloir pas croire à l'attitude menaçante de la population et me refusant finalement hommes et argent. Au mois de décembre, pourtant, se produisit un fait qui prouva que je n'avais pas exagéré autant qu'on voulait bien le prétendre en haut lieu. La garde nationale du bourg de Sceaux partit un beau matin pour tenir la campagne recherchant les chouans, fouillant les châteaux des environs et désarmant plus ou moins brutalement les propriétaires. Ces scènes déplorables eurent lieu chez les marquis de Senones, de Joncheray, de Preuillé, de Macquigné, chez MM. de Rouzay et de Margadel. Au nombre de 3 à 400, ils terrorisaient le pays et bientôt une partie des gardes nationaux des autres communes parlèrent de suivre cette exemple. Mes conseils, puis mes ordres, ne furent pas écoutés et je crus devoir, de nouveau, importuner le ministère pour obtenir les moyens de faire respecter la loi par ceux qui s'en prétendaient les défenseurs et qui se livraient tout simplement au brigandage. Je déclarai nettement que les forces que je demandais n'étaient nullement destinées à agir contre les chouans, mais à réprimer les excès de la garde nationale et calmer la juste irritation des populations. En cette circonstance, j'étais pleinement soutenu par le procureur-général. Le gouvernement se décida cette fois, et le comte d'Argout se hâta de m'écrire que le ministre de la guerre consentait enfin à m'envoyer des renforts.

Tous ces incidents m'émurent profondément en diminuant, je l'avoue, ma confiance dans la force d'un gouvernement qui savait si faiblement réprimer le désordre. Je ressentis une vive répugnance à me commettre avec des hommes qui, pour conserver une popularité malsaine, laissaient, en résumé, bouleverser le département. Cette attitude attira promptement leur attention et je ne tarderai pas à être signalé comme penchant vers le parti légitimiste dont, je dois à la vérité le reconnaître, des membres m'attiraient par leur honnêteté et par leur loyauté. Les fauteurs du désordre organisèrent le 16 juillet 1833 un grand banquet en l'honneur d'une manifestation provoquée par la visite d'une députation des gardes nationaux de Nantes. Le ministère eut la faiblesse de l'autoriser. Les tables furent dressées dans la cour de la préfecture et j'avais l'ordre d'y assister avec tous les fonctionnaires de la ville. Au dernier moment, les meneurs pour accentuer la manifestation, imaginèrent d'y donner place à un saint-simonien revêtu de son costume ridicule. N'ayant pu empêcher cette incartade aussi malséante que grotesque, je me retirai. Le banquet eut lieu et prit promptement les plus fâcheuses allures ; des toast révolutionnaires y furent portés, la république y fut acclamée, et le saint-simonien juché sur une table, après un discours des plus violents, proposa d'organiser un charivari contre le préfet, ce qui fut immédiatement réalisé : la force armée dut intervenir. L'irritation du parti radical ne connut plus de bornes, quand huit jours après il apprit la disgrâce de deux fonctionnaires qui étaient restés au banquet. Ce parti avait pour chef un des députés, avec lequel j'avais toujours entretenu les meilleures relations ; il avait été le promoteur du banquet et il sentait sa situation menacée par les conséquences d'une affaire sur lesquelles j'avais dû attirer l'attention du gouvernement. Dès lors il résolut de se débarrasser de moi. On accentua de plus en plus mes prétendues tendances réactionnaires ; on exploita une vente de vieux fusils hors d'usage conservés dans les greniers de la préfecture, que l'on m'accusa d'avoir cédé à vil prix aux Chouans. La presse parisienne fut appelée à la rescousse et le *Courrier français* publia à la fin de décembre un article des plus vifs. Je crus devoir m'expliquer catégoriquement alors avec le ministre et je lui écrivis, le 3 janvier 1834, une longue dépêche dont voici la conclusion : « Je n'ai jamais fait d'avances aux légitimistes, pas davantage au clergé ; mais j'ai été, ce que je serai toujours, poli avec tout le monde, quand même on serait noble ou prêtre, et de plus surtout, je rendrai justice à tout le monde. L'accueil fait par moi à des personnes notoirement hostiles est donc celui prescrit par la justice et la politesse, parce que je suis persuadé que l'urbanité et une bonne éducation sont compatibles avec le gouvernement de Juillet. » Le député dont j'ai parlé et dont je trouve inutile de citer le nom, trouva encore un grief contre moi par l'échec qu'il essuya dans sa candidature au Conseil général, échec dû uniquement à ce qu'il ne voulut pas écouter mes conseils. M. d'Argout le reconnut lui-même, et, en me l'écrivant, il ajouta qu'il ne doutait pas que M\*\*\* ne revint, sans tarder, de ses *injustes* préventions. Il en fut tout autrement et, peu après, le même ministre céda, ne trouvant que dans ma destitution le moyen d'acheter le silence de M*** qui le menaçait d'un discours violent à l'ouverture de la session. Le lendemain du jour où j'expédiai la dépêche dont je viens de reproduire la conclusion, j'étais dans mon cabinet quand mon secrétaire-général entra avec un air singulièrement embarrassé : il avait lu le *Moniteur* qui était sur mon bureau. Je le pris machinalement et la première ligne qui frappa mes yeux portait mon « appel à d'autres fonctions. » J'avais pour successeur un rédacteur du *National*, M. Gauja, décoré de Juillet, — qui devait être maintenu au 24 février 1848, poursuivre sa carrière jusqu'en 1852 et, sur la fin de sa vie, reconnaître franchement l'inanité des illusions libérales qu'il avait eues jadis.

La première visite que je reçus fut celle de mon député qui s'expliqua nettement avec moi, rejeta sur la pression de l'opinion publique l'obligation où il avait été de poursuivre mon déplacement et m'affirma qu'ayant déjà la preuve de ma prochaine réintégration, il ne laisserait « ni trêve, ni repos » au ministre jusqu'à la réalisation de cet engagement. La presse locale accueillit avec regret la mesure qui me frappait ; seuls, deux ou trois cents gardes nationaux pour venger leurs camarades ruraux que j'avais fait poursuivre pour leurs brigandages, vinrent crier sous ma fenêtre : « En route le préfet, à bas le chouan ! » Le lendemain l'*Indépendant d'Angers*, organe légitimiste du département publia un article dont je tiens à citer ce passage : « Nous ne connaissions même pas de vue notre préfet, mais nous aimons à rendre justice à tout le monde. Il était bon administrateur et tout à fait homme de juste milieu : s'il n'aimait pas les légitimistes, il détestait la république ; il redoutait le désordre quel qu'il fût. Le ministère a cédé à des dénonciations subalternes et aux exigences haineuses du parti de la violence. »

Je ne puis guère parler d'Angers au point de vue du séjour. Les affaires y absorbèrent tout mon temps et la situation politique rendait impossible toutes les relations avec la véritable société qui appartenait exclusivement au parti légitimiste. Je dus même cesser toutes réceptions officielles pour éviter des réunions réellement ridicules. Nous vivions dans l'intimité de quelques fonctionnaires et c'était tout. Une seule fois j'eus à sortir de cette réserve par une visite assez inattendue.

Un soir je reçus l'avis du ministère que j'aurais à recevoir Don Pedro. Ce prince, fils de Jean, régent du Portugal, fut élu empereur du Brésil en 1822. Son père devenu roi du Portugal lui laissa également ce royaume que Don Pedro se hâta d'abandonner en abdiquant au profit de sa fille sous la régence de son frère Don Miguel : ce prince déposséda sa nièce à son profit. Don Pedro voulut alors rassembler des forces pour rétablir Dona Maria, mais cela ne servit qu'à mécontenter ses sujets brésiliens qui le renvoyèrent en 1830. Il vint en France, et y leva des troupes. Il retournait alors en Portugal où il devait promptement remettre sa fille sur son trône. Don Pedro arriva presque aussi vite que l'avis ministériel, avec une suite assez nombreuse pour laquelle il fallut tout improviser en quelques heures. Les gentilshommes Portugais ou Brésiliens se croyaient absolument chez eux et quand je me présentai pour recevoir l'empereur descendant de voiture, on me répondit que l'auguste voyageur demandait avant tout un bain. Puis nouvelle visite du chambellan, une heure avant le dîner, pour dire que Don Pedro, quoique ce fût un vendredi, ne pouvait pas faire maigre. Puis ce furent mille exigences pour l'installation. Nous vînmes cependant à bout de toutes ces petites difficultés et le dîner fut même prêt avec une heure à peine de retard : encore me fallut-il exaucer les vœux des bourgeois d'Angers qui réclamèrent la faveur de circuler autour de la table où mangeait le prince. Le lendemain je dus lui faire voir les principaux monuments de la ville qui parurent l'intéresser médiocrement et il repartit sans m'avoir procuré une distraction bien agréable. Il oublia même de laisser le moindre souvenir aux personnes qui l'avaient servi.

Je dirai deux mots de mon successeur. Aussitôt la lecture du *Moniteur*, mandé par un gracieux billet de M. d'Argout que le courrier du lendemain m'apporta, je partis naturellement pour Paris, M. Gauja s'installa, quoique ma femme fut là, et la fit même déménager. Bien plus : je devais donner un bal la semaine suivante et mon successeur voulait absolument qu'il eût lieu et que ma femme en fît les honneurs avec lui.

Je trouvai le ministre très bien disposé, ne me

cachant pas la pression qu'il avait subie, et m'annonçant qu'il m'envoyait, avec avancement, dans l'Isère dont le préfet, M. Pellenc, se mourait. Le préfet du Rhône avait reçu l'ordre de télégraphier sans perdre une minute la fin de cet honorable fonctionnaire qui, malgré la décision de la Faculté, se rétablit et assez complètement pour demeurer à Grenoble jusqu'en 1848. M. d'Argout m'offrit alors le département de Saône-et-Loire que j'acceptai (17 janvier 1834).

Mon séjour à Mâcon est curieux à raconter parce qu'il montre exactement jusqu'à quel point l'administration était déjà amoindrie sous la pression des députés.

A mon arrivée des crieurs publics proclamaient l'insurrection et tout indiquait l'imminence de la déplorable crise qui éclata à Lyon au mois d'avril. Je n'hésitai pas à agir avec vigueur en mettant à exécution l'ordonnance royale de dissolution de la garde nationale de Chalon-sur-Saône, engageant ainsi ma responsabilité, puisqu'on m'avait laissé libre de publier cette ordonnance ou de la regarder comme non avenue. Je fis désarmer la garde, malgré l'indécision de l'autorité municipale et la crainte d'une émeute. Cette mesure paralysa la mauvaise intention de ceux qui ensuite, pendant l'insurrection lyonnaise, essayèrent un soulèvement à Chalon.

Je n'hésitai pas, en outre, à faire changer un certain nombre de fonctionnaires, dont la présence aurait pu nuire aux élections de 1834, dont le résultat répondit à mes espérances et dépassa celles du gouvernement, comme on me l'écrivit officiellement. En effet, j'avais trouvé une députation composée de deux ministériels et de cinq opposants très avancés ; je fus assez heureux pour renverser cette proportion. Profitant de ce succès, je fis dissoudre le conseil municipal de Chalon, dont la majorité était républicaine, et là encore j'obtins, des électeurs, le résultat le plus favorable. Je fis licencier la garde nationale de Saint-Gengoult, l'une des petites villes les plus radicales alors du département. Enfin aux élections du Conseil général en 1837, je parvins à rendre au ministère la majorité de cette assemblée qui comptait des hommes considérables, comme MM. de Lamartine, auquel je consacrerai plus loin une étude particulière, et Humblot-Conté, pair de France, célèbre fabricant des crayons qui portent son nom.

Aux élections législatives de 1837, je gardais les positions conquises. Mais à la réélection nécessitée, en février 1838, par l'option de M. de Lamartine dans le collège de Mâcon *extra muros*, mon candidat, M. de la Charme, échoua contre le savant astronome Mathieu, parce que M. de Lamartine après l'avoir énergiquement soutenu, en novembre, l'abandonna en mars ; il vint bien de Paris apporter son vote personnel à son ami, mais il refusa de présider le collège et ne voulut ni écrire ni dire un mot en faveur du candidat. On m'imputa cet échec : on en fit grand bruit au ministère et ailleurs, parce qu'on prétendit que j'avais annoncé le succès comme certain, tandis que j'avais toujours prudemment déclaré qu'il n'y aurait réussite qu'au cas où M. de Lamartine s'engagerait à fond. J'avais tellement raison qu'aux élections de 1839 — je n'étais plus à Mâcon — M. de Lamartine ayant franchement appuyé son ami, ce dernier n'échoua que faute de quelques voix d'électeurs qui me regrettaient et voulurent ainsi affirmer leur mécontentement.

Mais on recherchait depuis quelque temps un prétexte contre moi. Il sera assez curieux de voir comment on complotait à cette époque et à quels périls étaient exposés les préfets dont il eût, au contraire, été si nécessaire de renforcer la situation. Il y avait alors au ministère de l'intérieur un haut fonctionnaire tout puissant sur le personnel ; il se faisait volontiers l'écho de toutes les calomnies dans un but d'ordinaire nullement désintéressé. Je ne le nommerai pas.

Une première fois ce fonctionnaire me reprocha vivement d'avoir nommé agent-voyer en chef un M. Zolla, homme très habile, très intelligent, ayant subi avec succès le concours exigé et que d'ailleurs tout le Conseil général désirait voir investi de ces fonctions ; on invoquait contre lui ses opinions républicaines très avancées. Cette discussion dura plusieurs mois, car je ne pouvais destituer M. Zolla sans commettre une véritable injustice, une action nuisible à ma réputation et une chose blessante pour le Conseil général. Et la preuve que c'était bien un piège qu'on me tendait, c'est que, moi parti, on ne pensa plus à révoquer cet agent. J'allai m'expliquer au ministère, d'autant plus animé, qu'on venait encore de me faire une ridicule querelle sous prétexte que j'avais accepté un déjeûner chez un juge de paix, conseiller général, qui passait également pour républicain. Mais pendant ce voyage les mêmes individus me tendirent un second piège en cherchant à me faire demander le changement du sous-préfet de Chalon. Je me refusai à appuyer une mesure injuste et impolitique et je constate que là encore, moi parti, on le laissa tranquille.

Pendant mon séjour à Paris, j'appris qu'il était à peu près décidé que je ne resterais pas à Mâcon, et cela pour complaire au député de Chalon, auteur de tous les bruits répandus contre moi, qui ne me pardonnait pas les mesures rigoureuses que j'avais dû requérir contre la ville qu'il représentait. M. Martin (du Nord), qui ne me connaissait même pas de vue, ne cessait de me desservir auprès de MM. Molé et de Montalivet et envoyait note sur note contre moi au cabinet du haut fonctionnaire du ministère de l'intérieur dont j'ai déjà parlé. M. Pétiot, député, me poursuivait parce que je m'étais expliqué franchement sur lui dans la notice confidentielle que m'avait demandé le ministre : elle lui fut montrée et il en fut profondément blessé, bien qu'elle fût parfaitement honorable pour lui ; mais ses défauts y étaient indiqués et il oublia, dès lors, tout le bien que j'avais pu écrire, d'autre part, sur lui. M. Pétiot, que j'avais fait décorer, dont j'avais, avec une extrême complaisance, placé les parents et les protégés, crut que sa situation politique était perdue si je n'étais pas sacrifié : il trouva un appui auprès de ce haut fonctionnaire dont je tais le nom : j'étais condamné, mais on espérait encore exciter assez mon découragement pour m'amener à donner ma démission.

Prévenu à temps et ne pouvant quitter mon poste, au mois de septembre 1838, je dus envoyer ma femme, non pas dans le but de chercher à prévenir un changement qui n'était un mystère pour personne, mais afin de le rendre aussi peu désavantageux que possible. M*** feignit une extrême obligeance et, cachant le projet de révocation arrêté alors, parlait des départements les moins importants : la Lozère, la Corrèze, les Basses-Alpes. L'affaire revint trois fois au Conseil. Le garde des sceaux, M. Barthe, me soutenait et voulait me faire envoyer au Mans, à Evreux ou à Amiens ; M. de Montalivet était hostile et ne le dissimula pas à ma femme qui eut cependant le courage de le voir plusieurs fois. Elle s'adressa alors au comte Molé, qu'elle ne connaissait pas, mais qui, véritablement touché de l'émotion qui lui causait la pensée de voir ma carrière brisée, — il le dit depuis, — lui promit formellement de me sauver : il la reçut de nouveau et lui offrit la Haute-Saône « ou de rester à Mâcon, ce que je ne conseille pas à votre mari, » ajouta-t-il. Ma femme accepta sans me consulter, car le ministre exigea une réponse immédiate. Ce fut heureux pour moi, car si j'avais été là, sous le coup de la mauvaise humeur, j'aurais probablement refusé et je m'en serais ensuite amèrement repenti.

Pendant les cinq années que je passais à Mâcon j'eus beaucoup à me louer de la société nombreuse et agréable de la ville et des châteaux des environs ; en partant, j'emportai un grand nombre de lettres de regrets, émanant de gens de tous les partis. J'eus là de très fréquentes et intimes relations avec M. de Lamartine et sa sœur, M$^{me}$ de Cessiat, qui habitait Mâcon ; mais je me réserve de parler à part de l'illustre poète qui était bien le plus embarrassant des hommes politiques. On se voyait volontiers à Mâcon et tout le monde se réunissait, à part quelques rares familles légitimistes qui, à la fin même, s'habituèrent à venir à la préfecture. Je trouvai un grand charme dans l'intimité d'un des plus aimables généraux que j'ai connus et qui commanda longtemps la subdivision, le baron de Gazan qui avait épousé une fille de Bernardin de Saint-Pierre ; c'était un homme plein de finesse, d'esprit et de grâce et du caractère le plus agréable, quoiqu'il eût été trépané à la retraite de Russie et en souffrît parfois cruellement. Je citerai encore le receveur-général, M. de Valory, qui avait succédé à M. le comte de Germiny, — depuis gouverneur de la Banque et sénateur, — ancien bénédictin, célibataire à cause de cela, mais bon vivant cependant, gourmand, ne se refusant aucun plaisir, pétillant d'esprit ; quelques années plus tard il devait s'empoisonner en laissant à peine quelques gros sols dans sa caisse. Dans un autre ordre d'idées, l'évêque d'Autun, Mgr du Trousset d'Héricourt, ancien mousquetaire, prélat de cour, élégant, plein d'esprit, mais prêtre sérieux, profondément attaché à ses devoirs, qui venait souvent, à la préfecture, avec son excellent vicaire-général, l'abbé Devoucoux, mort sous l'Empire, évêque d'Evreux. Je retrouvai aussi dans les environs, à Champgrenon, mon ancien collègue du Conseil d'Etat, le comte de Rambuteau, ami sûr et dévoué, chez lequel nous allions souvent, certains de trouver toujours auprès de sa femme un accueil aimable et empressé.

Je quittai sans retard, mais non sans de vifs regrets, Mâcon pour me faire installer à Vesoul (3 novembre 1838), désagréable et laide petite ville, sans ressources sociales, et je me rendis à Paris. Je n'eus pas de peine à m'apercevoir, au ministère, qu'on y était vivement contrarié de l'empressement que j'avais mis à prendre possession de mon nouveau poste : le lendemain j'apprenais de source certaine que, sans cette formalité, j'eusse été mis de côté. Le ministre m'avait fait venir dans l'espoir que je me rendrais directement de Mâcon à Paris pour me demander ma démission comme un service personnel dont on me tiendrait compte par une récompense honorifique immédiate et, après la session, par une importante préfecture. Je cherchais à complaire au ministre en lui offrant de permuter à son gré, mais je ne voulus jamais paraître comprendre l'aléa qu'en réalité on aurait voulu me voir accepter. Cela dura cinq semaines. M. d'Argout m'offrit alors le département d'Eure-et-Loir que j'acceptai, et pour prouver que je n'avais nullement démérité aux yeux du gouvernement, il y ajouta la croix d'officier de la Légion d'honneur (17 janvier), puis tout d'un coup on ne me parla plus de rien et on me dit de rejoindre Vesoul. La veille de mon départ j'allai voir dans la soirée M*** — toujours le même. — Il me conduisit affectueusement jusqu'à sa porte, et chemin faisant, je lui exprimai le désir de ne pas m'éterniser dans la Haute-Saône. Alors, avant de me quitter, il me dit tout d'un coup, d'un air amical, mais sans que rien pût provoquer cette allusion : « Vous êtes riche, mon cher ! — Mais non, je n'ai que de l'aisance. — Si, vous êtes riche, je le sais. » Nous nous quittâmes assez embarrassés sur ces mots. Je me rappelai, en revenant à mon logis, qu'une personne placée auprès de M*** parlait également de ma fortune au moment où l'on avait préparé le dernier mouvement préfectoral et je ne pus repousser dans mon esprit certains soupçons sur lesquels je crois inutile d'insister.

Nouveau voyage à Paris par ordre, au mois

de février 1839. J'appris cette fois qu'il était question de me nommer conseiller d'Etat à condition que je me présenterais à la députation contre le baron Pérignon, l'un des 213, à Sainte-Menehould. Je pressentis là un nouveau piège. D'ailleurs je considérai la dissolution comme une faute énorme, car le résultat des élections ne me paraissait pas douteux, et le ministère était évidemment condamné au milieu de difficultés inextricables. Je vis le ministre, le 5 février et il me formula officiellement la proposition dont on m'avait prévenu. Je déclinai ce double honneur en invoquant de si bonnes raisons qu'il ne trouva pas sérieusement à les combattre. Le surlendemain M. Molé me manda pour revenir à la charge : cette fois, il ne me parla pas de la place de conseiller d'Etat, mais bien d'un sacrifice sollicité de mon patriotisme. Je fus inébranlable. Puis ce fut le tour de M\*\*\* qui chercha à me démontrer que je me perdais maladroitement, et quand je lui exposai que ma longue liaison avec M. Pérignon rendrait réellement odieuse ma candidature, il me répliqua d'un ton que je n'oubliai pas : « En politique, on n'a pas d'amis. »

Je n'eus à m'occuper dans la Haute-Saône que des élections dans lesquelles le *statu quo* fut maintenu : la lutte avait été vive et l'un des candidats ministériels, le duc de Marmier, m'écrivit le soir : « Je n'ai eu que le temps de vous embrasser : succès inespéré, mais acheté chèrement. » Mais j'eus du moins la satisfaction de me lier pendant mon séjour avec l'un des hommes les plus aimables et en même temps un des prélats les plus considérables de l'Eglise, le cardinal Mathieu, archevêque de Besançon, qui est resté notre ami et en a donné de constants témoignages à moi et aux miens. C'était un homme d'une rare érudition, d'une apparence lourde et endormie à cause de son énorme corpulence, mais, tout au contraire, plein de vivacité et d'ardeur, menant son diocèse comme un vigoureux colonel conduirait son régiment. Très attaché à la cause ultramontaine, il eut une part considérable et très heureuse à la direction de l'Eglise en France pendant le gouvernement de Juillet : le roi l'écoutait volontiers et ses conseils étaient habituellement suivis.

Le ministère changea au mois d'avril 1839. Le nouveau Cabinet amena à la présidence le maréchal Soult et à l'intérieur le comte Duchâtel. Ce revirement était des plus favorables à mes intérêts et j'en eus promptement la preuve par ce billet que le ministre m'adressa le 10 août : « Mon cher préfet, je vous envoie dans la Loire. J'aurais voulu vous mettre plus près de Paris, mais la Loire est un département très difficile et où, en ce moment, diverses complications appellent une main ferme et capable. La Loire doit être élevée de classe aussitôt que nous pourrons transférer le chef-lieu à Saint-Etienne. Je vous répète que j'aurais voulu vous mieux caser, mais je n'ai pas voulu vous faire attendre et je vous ai donné une tâche digne de votre capacité et de votre dévouement. » Plusieurs journaux parisiens s'occupèrent de moi : le *National* déclara que je n'étais pas « le plus mauvais choix » de M. Duchâtel. Le *Constitutionnel* reprocha au ministre de m'avoir de nouveau disgracié, ce qui motiva l'insertion au *Moniteur* d'une note relevant cette erreur et disant que la Loire était de classe égale à Saône-et-Loire et pouvait être regardée comme une préfecture de première classe.

Je ne pouvais donc que me considérer comme

ayant eu complète satisfaction. Je passai deux années relativement tranquilles à Montbrison, assez triste résidence qu'il me fallait souvent quitter pour aller à Saint-Etienne, où j'eus à réprimer deux graves insurrections de mineurs, une surtout où je dus faire venir de la cavalerie de Lyon pour réduire des hommes qui ne reculaient pas d'une semelle devant l'infanterie : il y eut quelques victimes. Sur ces entrefaites M. de Rémusat remplaça M. Duchâtel, mais il s'empressa de m'écrire qu'il espérait que je lui conserverais « ma confiance ». Singulière formule pour un ministre à son subordonné. Ce Cabinet dura peu de mois et, le 29 octobre 1840, s'installait le ministère de M. Guizot qui ramenait avec lui M. Duchâtel. J'en profitai pour demander mon changement que je désirais ardemment à cause des difficultés que les nouvelles élections allaient soulever et au milieu desquelles je ne voulais pas m'exposer à cause de l'attitude prise par le député de Saint-Etienne dont les maladresses avaient compromis la position et dont le gouvernement souhaitait le maintien. M. Lasnier travaillait à mon changement et par le fait me secondait, tandis que le Conseil général émettait le vœu de me voir maintenu.

Survint à La Rochelle la mort presque subite de M. Gabriel : le département, très important, matériellement, par son étendue, l'était encore davantage au point de vue politique puisque le ministre de l'Intérieur était un de ses députés. On le demanda pour moi, mais cette circonstance même m'inspirait des inquiétudes et je n'acceptai qu'après deux démarches pressantes de M. Duchâtel (23 novembre 1841).

Le département de la Charente-Inférieure, de seconde classe, est un des plus importants : il comptait six arrondissements, plus de 500,000 habitants, un port maritime de guerre, un commerce considérable. Il avait parmi ses représentants des hommes importants comme MM. Dufaure et Chasseloup-Laubat, dont l'antagonisme ne devait pas être parfois sans amener des difficultés. Je passai là six années, les plus agréables de ma carrière, car ce ne fut que vers la fin que je retrouvai mes anciens ennuis. M. Duchâtel me témoignait une confiance absolue et m'adressait sans cesse des billets autographes dans lesquels il suivait avec un soin particulier tout ce qui pouvait intéresser son département. Mes élections réussirent et même, à l'automne de 1845, je parvins à faire passer, à Rochefort, le comte Dumas, aide-de-camp du roi, au succès duquel la cour tenait excessivement. La comtesse Duchâtel vint passer le mois de juillet 1843 chez moi, à La Rochelle, où les bains de mer attiraient déjà beaucoup de monde. On s'amusait sans cesse dans cette ville où la société était riche et très unie. Parfois, pendant le carnaval, on dansait tous les jours et avec la saison des eaux, ces divertissements recommençaient de plus belle. L'élément protestant occupait le haut du pavé à La Rochelle, sans être très nombreux, et se montrait assez intolérant ; il avait notamment fait maintenir l'usage qui interdisait aux prêtres catholiques d'accompagner les convois. Pendant que j'étais en tournée de révision, une pauvre femme vint à mourir sur la paroisse maritime, celle de Saint-Jean : le curé vint trouver ma femme et lui demanda, ne me sachant pas absent, si je m'opposerais à ce qu'on saisît cette occasion de recommencer à faire suivre les enterrements par le clergé ; après une courte hésitation, ma femme pressa vivement l'abbé de Turpin de passer outre : la chose se fit le lendemain sans amener le moindre incident : on fut un peu étonné, mais nul ne réclama. Depuis ce jour les enterrements reprirent leur pompe religieuse et cela n'a plus cessé.

En 1844, je reçus à déjeuner Mgr le prince de Joinville qui revenait de sa glorieuse campagne de Mogador.

Deux ans après, je me trouvai en pleine crise électorale et dans des plus mauvaises conditions. A Saint-Jean-d'Angely, M. Desmortiers, procureur du roi à Paris, avait compromis, comme à plaisir, sa candidature par une suite de maladresses. A la Rochelle, M. Paillet se posait avec le tout-puissant appui de la Loge maçonnique contre M. Rateau qui ne pouvait se résoudre à prendre une décision. Les deux opposants passèrent, mais pour comble de disgrâce, M. Paillet ayant été également élu à Château-Thierry, opta pour ce collège et M. Bethmont, beaucoup plus accentué, reprit la lutte sans hésiter, dans sa profession de foi, à affirmer ses sentiments monarchiques, phrase qui décida bien des défections. Ma position se trouva naturellement ébranlée et dès le lendemain de cet échec on parla de mon envoi dans le Var. Mais le premier moment d'humeur passé, M. Duchâtel reconnut mes efforts, approuva la franchise de mes dépêches où je n'avais jamais dissimulé mes inquiétudes avec des candidats aussi indécis ; par écrit et de vive voix, il m'assura que je ne serais pas déplacé et il le répéta même publiquement dans un de ses voyages chez sa mère, à Mirambeau. Mais, à ce moment précisément, s'ourdissait contre moi une intrigue qu'il ignorait encore, et dont le détail, bref du reste, est assez piquant pour être raconté.

Le baron de Chassiron, député de La Rochelle *extra muros*, l'un des familiers de M. Duchâtel, ex-homme à bonnes fortunes, spirituel, mondain, tiré à quatre épingles, peint, frisé et paraissant mon ami, ayant été jadis avec moi au Conseil d'Etat, avait un fils, secrétaire d'ambassade, type du viveur le plus accompli, plein d'esprit et de verve, mais aussi d'excentricité et qui, fatigué de sa vie errante, visait pour son père la pairie, et pour lui, sa succession à la députation. Il avait dix-huit mois devant lui avant d'avoir atteint l'âge d'être élu, mais il voulait mettre dès ce moment son affaire en train et souhaitait un préfet nouveau. Il ne laissa plus, dès lors un moment de trêve au ministre, après avoir su mettre la mère de celui-ci dans ses intérêts. Il rencontra en même temps un utile concours auprès de MM. Armand et Demeufve, députés de l'Aube, qui, eux aussi, voulaient se débarrasser de M. Zédé, leur préfet et, auprès de M. Lasnier qui ressentait le même désir à l'égard de mon successeur à Montbrison, le baron de Daunant. Entre ces trois courants, le comte Duchâtel ne pouvait résister longtemps. La comtesse douairière se décida à intervenir. J'étais allé passer quelques jours, au mois de novembre 1846, chez elle à Mirambeau, splendide château, voisin de la Gironde où elle tenait, chaque automne, cour plénière. Rien n'était amusant, soit dit en passant, comme son attitude. Elle avait été, comme on sait, l'une des belles femmes de la cour impériale et Napoléon n'avait pas été insensible à ses charmes : elle avait toujours, à ce moment de l'année, une série d'invités et le soir, elle daignait admettre dans ses salons les bourgeois de Mirambeau, qui, généralement arrivés avant la fin du dîner, attendaient respectueusement, debout, dans une galerie qui séparait la salle à manger du salon : la comtesse passait comme une reine entre ses humbles vassaux rangés sur deux files et rentrait majestueusement suivie par eux. Elle me reçut aussi gracieusement que de coutume sans la moindre allusion à ce qui se tramait. Mais le 21 décembre, elle se décida à presser la solution et elle m'écrivit pour me proposer, de la part du ministre, la préfecture de la Meuse avec la croix de commandeur de la Légion d'honneur et une sous-préfecture pour mon fils aîné, secrétaire général des Côtes-du-Nord depuis un an. Elle demandait une réponse immédiate en ajoutant qu'on l'attendait pour la signature du mouvement. Je refusai nettement. Madame Duchatel revint, sans perdre un courrier, à la charge en me faisant comprendre cette fois que le changement était irrévocablement décidé par son fils. Je ne voulus pas accepter la Meuse et indiquai cinq autres départements parmi lesquels l'Aube. Le 4 janvier, le ministre m'adressa un billet autographe dans lequel il me déclarait qu'il eût préféré le *statu quo*, mais que les exigences de la politique lui avaient imposé cette mesure et que, partant, il était heureux de pouvoir m'assigner une des préfectures que je désignais et de m'annoncer que le roi y ajoutait le cordon de Commandeur pour bien constater que je ne subissais pas une disgrâce. MM. Zédé, de Daunant et moi exécutâmes donc entre nous un chassé-croisé pour complaire à nos députés respectifs.

Je quittai La Rochelle avec regrets. J'avais pu m'y concilier des sympathies réelles et cette résidence, je l'ai dit, était la plus agréable que j'ai eue. J'y formai de précieuses relations avec l'évêque, Mgr Villecour, un des membres les plus savants du clergé français que le Pape appela peu de temps auprès de lui comme cardinal romain; avec M. de Chasseloup-Laubat, qui devait devenir ministre de Napoléon III, l'un des esprits les plus fins, les plus gais, trop paradoxal peut-être que j'aie connus; avec M. Dufaure dont le portrait n'est plus à faire, type original s'il en fut, qui sous une enveloppe rustre et brusque, cachait un cœur excellent, une amitié très sure, mais aussi un excessif orgueil bourgeois.

A mon passage à Paris, au mois de janvier 1847, je vis le roi, qui me reçut comme toujours, avec une grande cordialité, mais m'adressa une plaisanterie qui, dans la bouche d'un souverain, me causa une certaine surprise. Faisant allusion à ce que j'en étais à ma sixième préfecture, le roi me dit : « Allons, mon cher préfet, tâchez cette fois de vous mettre un pain à cacheter ! » C'est pendant ce séjour que ma femme fut présentée à Leurs Majestés avec — singulière coïncidence — madame Achille Fould.

J'arrivai à Troyes sous les plus favorables auspices. Les journaux de toutes les nuances faisaient à l'avance mon éloge. J'y trouvai un de mes cousins, le baron de Vendeuvre, pair de France, qui y jouissait d'une grande influence. Le département était vaste, très industriel, riche, mais l'administration y était facile ; pas d'élections en l'air. Je n'aurais pas à parler de mon séjour sans une affaire qui eut à ce moment un grand retentissement et à laquelle je suis fier d'avoir attaché mon nom à la fin de ma carrière.

Vers le commencement de l'été, l'opinion publique s'émut vivement de l'excessive mortalité, qui depuis assez longtemps d'ailleurs, se produisait dans la maison centrale de Clairvaux. J'en fus bientôt frappé à mon tour et, sans imiter l'indifférence de mes prédécesseurs, je prescrivis immédiatement une enquête que j'allai commencer moi-même sur place. Presqu'aussitôt j'eus la preuve que ce triste état de choses était le fait des entrepreneurs qui ne nourrissaient pas les détenus. J'essayai d'abord d'arranger les choses à l'amiable en forçant ces individus à résilier leur marché sans bruit. Mais ils se sentaient puissamment soutenus dans les bureaux du ministère et ils résistèrent audacieusement. Je résolus alors de pousser les choses jusqu'au bout après avoir prévenu M. Duchâtel qu'il pourrait en rejaillir de fâcheuses éclaboussures sur de hauts employés de son administration. Je dois reconnaître que le ministre m'encouragea en me promettant son concours absolu. Les entrepreneurs ne désarmèrent pas et ils parvinrent même à provoquer à la Chambre, de la part de M. de la Rochejacquelin, une interpellation dans laquelle j'eus la douleur de voir cet honorable député se laisser entraîner jusqu'à incriminer ma conduite (29 juin). Le ministre monta aussitôt à la tribune et me couvrit complètement : « Les faits, dit-il, m'ont été signalés par le préfet, administrateur très intelligent et très zélé qui sait remplir tous ses devoirs ». Et comme M. de la

Rochejacquelein revenait à la charge, le comte Duchâtel reprit à son tour pour déclarer que j'avais parfaitement fait mon devoir ». Et le lendemain il m'adressait un billet confidentiel pour me féliciter sans réserve et me donner l'ordre que « tout ce qui peut être livré à la justice, le soit ». La cause était gagnée d'avance. L'enquête ne laissa subsister aucun doute : un haut fonctionnaire de l'administration centrale fut révoqué. Le Conseil de préfecture de l'Aube cassa le marché et les poursuites judiciaires furent commencées par le tribunal de Bar-sur-Aube. La Révolution de février retarda la solution. Mais l'affaire fut reprise par l'ordre formel du garde des sceaux Marie : elle traîna jusqu'au mois de mai 1849 et l'on eût alors le triste spectacle de voir le même M. Marie, redevenu avocat, plaider pour un des accusés qu'il avait fait poursuivre : tous furent condamnés à la prison et à de fortes amendes, ce que confirmèrent successivement la Cour d'appel et la Cour de Cassation.

Cette triste affaire avait absorbé tout mon temps, pas assez cependant pour que je ne me rendisse pas compte des nuages qui s'amoncelaient à l'horizon politique. Un incident me fit plus vivement sentir la gravité d'une situation sur laquelle le gouvernement semblait s'aveugler volontairement. La cherté des grains provoqua à Troyes, au mois d'août, une émeute qui dura trois jours : Troyes n'avait pour garnison que deux cents hommes d'infanterie et la garde nationale, malgré mes pressantes convocations, refusa de prendre les armes pour rétablir l'ordre. Il me fallut faire venir de la cavalerie des garnisons voisines. Je vis toujours, dans ma longue carrière, la même attitude de la part de la milice citoyenne : bonne pour parader, causer des embarras à l'administration par ses ridicules prétentions, elle ne répondait jamais à l'appel quand il s'agissait de réprimer le désordre; bienheureux encore quand je ne la voyais point pactiser avec les émeutiers.

La campagne des banquets réformistes en présence de laquelle le gouvernement fit preuve d'une si incroyable faiblesse, ne répondant jamais aux demandes d'instruction que lui adressaient sans cesse ses agents, mit le comble au péril social. Las de ce mutisme, je me rendis à Paris au mois de janvier 1848 : je vis le roi, les ministres et je revins bien plus effrayé de la légèreté avec laquelle j'avais vu nos gouvernants envisager les complications qui se préparaient. Cet aveuglement dura jusqu'à la dernière heure et j'en reçus une preuve singulièrement frappante. Le 22 février, à quatre heures 1/2, M. Passy, sous-secrétaire d'Etat à l'Intérieur, avec lequel j'étais particulièrement lié, m'adressait ce mot : « Mon cher ami, nous avons des rassemblements à Paris, mais on les dissipe facilement ».

Le 25, la nouvelle de la déchéance du roi fut apportée à Troyes vers quatre heures de l'après-midi par le fils d'un aubergiste de la ville. Le soir, la foule s'amassa devant la préfecture, en renversa la grille et força mes domestiques à illuminer les fenêtres avec les lampes et les candélabres préparés pour un bal que je devais donner le lendemain. Le 26, j'envoyai ma démission au « citoyen Ledru-Rollin », ministre de l'Intérieur, et le 28, j'étais remplacé par trois commissaires : les sieurs Farjasse, Labosse et Crevat ; ce dernier, la veille encore, exerçait la profession de marchand d'hommes.

## VII

**M. de Lamartine d'après mes relations avec lui.**

J'ai dit que je réserverais, pour un chapitre spécial, mes souvenirs sur M. de Lamartine et je tiens parole. Je m'occuperai impartialement de sa personnalité, car je puis déclarer que mes relations avec lui, qui ont été très suivies pendant mon séjour en Saône-et-Loire, n'ont jamais cessé d'être convenables. Il ne m'a fait ni bien ni mal : je n'ai aucun grief contre lui. Je puis même dire que j'ai toujours trouvé auprès de lui un concours obligeant. Mais j'avouerai, sans détour aussi, que je n'ai jamais ressenti de sympathie pour cet homme célèbre que, par position, j'ai pu voir et apprécier de très près. On comprend que j'avais dû m'appliquer à bien connaître ce personnage qui exerçait une très grande influence sur le Conseil général et sur ses concitoyens. Parmi ces derniers, de très avancés étaient si fiers de leur illustre compatriote, qu'ils allaient jusqu'à excuser ses opinions légitimistes.

Je n'essaierai pas de faire le portrait de M. de

Lamartine. On peut dire que tout le monde le connaît et d'ailleurs il s'est peint lui-même avec tant de complaisance qu'il serait présomptueux de vouloir recommencer après lui. Il reçut en naissant tous les dons désirables, tous, excepté un seul : imagination brillante, esprit fin, intelligence admirable, perspicacité soudaine, parole facile, abondante et entraînante, force d'expansion communicative, bel organe, geste noble, sang-froid imperturbable. Son excessif amour-propre malheureusement a faussé son jugement en développant sa foi dans son immense génie. Il y joignait une mobilité extraordinaire d'impressions qui donne la clef de ses variations et explique les étranges caprices de sa conduite politique. Ces mêmes défauts ont occasionné les embarras financiers qui ont tristement abaissé M. de Lamartine en le réduisant parfois à recourir à une réclame navrante pour battre monnaie avec ses livres. Il avait eu cependant une fortune personnelle considérable ; sa femme lui avait apporté d'Angleterre des sommes importantes et ses livres lui avaient procuré plusieurs centaines de mille francs. Mais il dépensa toujours sans compter, fastueusement, inutilement et il ne fut jamais à son aise.

Son père, M. Prat, ancien officier émigré et chevalier de Saint-Louis, type d'honneur et de loyauté, était dévoué de cœur aux Bourbons. Ses ancêtres, de famille ancienne, mais sans naissance dans l'acception du mot, comptaient parmi eux plusieurs notaires de l'abbaye de Cluny. Sa mère était une femme supérieure par son esprit : elle avait été élevée dans la maison d'Orléans et y avait reçu une belle éducation ; sa beauté était remarquable, sa réputation intacte, sa piété exemplaire. C'est elle qui, la première, développa les heureuses dispositions de son fils et fut sa véritable institutrice. Le respect le plus profond, la reconnaissance la plus vive, l'affection la plus tendre ont payé M$^{me}$ Prat de son dévouement maternel, et ont inspiré à son fils ses plus touchantes poésies.

Dans un tête-à-tête assez long que j'eus en 1835 avec le roi, aux Tuileries, ce prince me parla de la Révolution de juillet et des circonstances qui l'avaient porté au trône : il répudiait toute participation à cet événement : il assurait ne l'avoir pas même désiré et n'avoir accepté la couronne que parce que, en 1830, il n'y avait pas d'autre parti à prendre pour lui. Il établissait que de tout temps les cadets des familles royales avaient été, avec leurs aînés, dans une opposition sourde ou patente et que les premiers se trouvaient ainsi en position de remplacer les seconds, quand ceux-ci commettaient des fautes et étaient dépossédés par de grands mouvements populaires. Il ajouta enfin que l'illustration de l'origine des branches cadettes et le sang royal qui coulait également dans les veines de leurs membres, plaçaient ceux-ci au-dessus de tous et écartaient les prétendants vulgaires : dans une crise, on accepte pour chef un prince, mais on repousse un égal. Sa conclusion fut que la force des choses, et non pas sa volonté ni ses goûts, l'avaient porté où il était. Le roi vint ensuite à parler spontanément de M. de Lamartine : il témoigna quelque étonnement et même quelque regret de ce que ce député affectait de ne pas se rapprocher de son gouvernement. Il me rappela que Mme Prat avait été élevée dans sa famille avec Madame Adélaïde qui l'avait traitée comme si elle lui appartenait et l'avait comblée de bienfaits. Je répondis en quelques mots que M. de Lamartine se croyait lié par ses antécédents personnels et que d'ailleurs on ne pourrait s'étonner si la conduite privée et publique d'un homme doué d'une imagination aussi poétique, d'un caractère aussi impressionnable et d'une aussi forte dose d'amour-propre, n'était pas telle qu'elle devrait être, Louis-Philippe, dont l'esprit était positif, laissa alors échapper ces mots pleins de sens et presque prophétiques : « Ah ! vous avez bien raison ! Ces poètes n'ont pas la tête bien réglée, il y manque quelque chose. Ne me parlez pas des poètes qui se mêlent de politique ! »

J'ai dit que M<sup>me</sup> Prat était très pieuse : elle chercha certainement à inspirer à son fils ses convictions religieuses. On a pu croire d'abord qu'il les avait conservées et plusieurs de ses poésies renferment en effet les aspirations les plus chrétiennes. Mais je fus toujours convaincu que leur auteur n'avait pas plus de conviction en religion qu'en politique. En 1835, bien avant le déplorable *Ange déchu,* alors que tous les amis du trône et de l'autel voyaient dans le grand poète un patron et un chef, je me rencontrai avec lui à une messe basse, un dimanche, dans la principale église de Mâcon. Je ne pus m'empêcher de remarquer sa tenue. Debout, sa taille élevée attirait tous les regards; sa tête tournait de tous les côtés, ses yeux mobiles comme elle, son air distrait et ennuyé, tout indiquait un homme qui ne pensait nullement au lieu où il était et songeait uniquement à l'effet qu'il produisait. A quelque jour de là, un ami qui avait été élevé avec M. de Lamartine, entendant mes réflexions à ce sujet, se mit à rire et me dit : « Je connais Lamartine depuis qu'il est au monde : il n'a jamais cru à aucune religion. C'est tout au plus s'il croit en Dieu : je n'en suis pas bien sûr ».

Le mariage de M. de Lamartine a toujours été entouré d'épais nuages. Dans un voyage en Suisse, il rencontra une jeune miss accompagnée d'une dame âgée : elle s'éprit du jeune poète, déjà célèbre, et se fit catholique pour aplanir les difficultés que la différence de religion eût suscité de la part de la famille Prat. Un peu plus âgée que son mari, elle passait pour la fille du roi Guillaume d'Angleterre; sa physionomie toute anglaise, avait incontestablement des traits communs avec le type de la famille royale d'Angleterre. Digne, froide, sans avoir été jolie, elle avait été agréable; elle avait de la distinction, de l'esprit, et une bienveillance pleine de charme, quoique un peu banale. Elle subit toute sa vie l'influence absolue de son mari ; elle n'avait ni opinion ni volonté à elle ; elle n'agissait et ne parlait que par ou pour M. de Lamartine. Son abnégation était sans bornes et elle était tellement identifiée avec celui qui était réellement son idole qu'elle écrivait pour lui des lettres dont l'écriture et la signature étaient impossibles à distinguer de celles tracées par son mari. J'y ai été pris tout le premier et je l'ignorerais encore si M. de Lamartine n'eût pas dit un jour, devant moi, que sans le secours de sa femme, il ne pourrait faire face à son immense correspondance.

Saint-Point est une campagne fort ordinaire : la maison, flanquée de deux lourdes tourelles, et le parc sont situés au fond d'un vallon : la vue bornée par des coteaux de vignes n'a rien d'étendu : l'ensemble est sévère, voire même un peu sauvage. C'est là que M. de Lamartine aimait le plus à se retirer et à travailler ; là qu'il recevait les nombreux visiteurs de tous les pays et de tous les rangs qui y venaient en pèlerinage, comme précédemment on se rendait à Ferney.

On y voyait force jeunes hommes de lettres incompris, force jeunes poètes chevelus, plus une nuée d'admirateurs et de disciples dont il recevait, sans étonnement, les hommages et l'encens. Il savait conquérir d'un mot et d'un regard les nouveaux venus. Malheur, par exemple, à ceux qui ne paraissaient pas subir suffisamment le charme. Un jour j'assistai à la réception d'un de ces jeunes, très chaudement recommandé et d'autant mieux conseillé : quand il fut sorti du salon, on demanda à M. de Lamartine son impression : « Fort bonne, répondit-il, cependant il n'a pas paru ému en me voyant ! » Un soir, un jeune ménage était venu à Saint-Point ; le lendemain, M. de Lamartine demanda au mari s'il avait bien reposé, et celui-ci voulant dire un mot aimable, de répondre qu'il lui avait été impossible de dormir dans un lieu où le génie avait créé tant de chefs-d'œuvres. — Eh bien ! qu'avez-vous pu faire toute la nuit ? — J'ai eu recours à un moyen qui me l'a fait trouver bien courte, je l'ai passée à relire vos *Lamentations.* » — Le malheureux avait voulu parler des *Méditations.* — Rien ne put exprimer le silence des assistants, la mine pincée du grand poète et ensuite la déconvenue du visiteur reconnaissant enfin sa bévue.

En 1834, M. de Lamartine était tellement légitimiste qu'il n'avait guère, avec les fonctionnaires, que des rapports officiels. Pendant son voyage en Orient, l'influence de son beau-frère, M. de Staplande, l'avait fait élire par le parti dans le Nord. Mais dès 1835, il s'achemina vers le juste milieu, comme on disait alors. En 1837, il votait avec la majorité et l'année suivante il était un des plus dévoués soutiens du parti Molé. L'année 1839 le vit descendre définitivement vers la gauche : bientôt il dépassa Odilon Barrot. Puis le gouvernement n'ayant pas voulu appuyer sa candidature à la présidence de la Chambre, son ressentiment ne connut plus de bornes : il introduisit à Mâcon la mode des réunions publiques et il commença la perversion de ce département qui devait rapidement devenir complète. Depuis 1841, il avait véritablement embrassé les opinions républicaines.

En 1836, il était président du Conseil général de Saône-et-Loire par le concours des membres de l'opposition qui avaient voulu à tout prix écarter du fauteuil M. Humblot-Conté, pair de

France, dévoué au gouvernement et en possession de ce titre depuis plusieurs années. C'est cette élection qui décida de sa conversion. Je me rappelle qu'un soir, pendant la session, étant allé rendre, selon l'usage, la visite que m'avaient faite les membres du Conseil, je rencontrai, à ma grande surprise, M. de Lamartine sortant de l'hôtel de l'Europe à la tête d'un groupe bruyant, composé de huit à dix des membres les plus avancés, et paraissant encore sous l'influence d'un bon dîner. Il était huit heures du soir. J'abordai la bande joyeuse pour exprimer mes regrets de me présenter trop tardivement. M. de Lamartine me dit alors gaiement : « Nous allons boire de la bière au café, voulez-vous être des nôtres ? » Je déclinai naturellement cette étrange invitation et me retirai réellement attristé de voir ce dont un homme d'une pareille distinction était capable pour consolider une déplorable popularité, en se montrant en pareille compagnie et dans une telle attitude, dans sa ville natale.

J'eus, cette année, à voir plus souvent M. de Lamartine comme président du Conseil : lui-même se rapprocha de moi et vint plusieurs fois me trouver dans mon cabinet. Notre conversation abordait tous les sujets et plusieurs traits en sont heureusement restés dans ma mémoire. Un jour, comme le *Voyage d'Orient* avait paru depuis peu, et que j'avais cru devoir en lire quelques pages : il trouva ce volume sur ma cheminée. — « Est-ce que vous lisez cela ? » — Mais certainement et j'y prends plaisir. — Comment pouvez-vous vous imposer une pareille pénitence ? Cela ne vaut rien du tout, gardez-vous de continuer. J'avais vendu cet ouvrage à Gosselin 100,000 francs. J'ai commencé par manger (*sic*) cette somme. L'éditeur me pressant de lui livrer le manuscrit que je n'avais pas encore commencé, j'ai été forcé, pour m'acquitter, de me mettre à l'œuvre, et comme ce genre de travail ne me plaisait pas, je m'en suis débarrassé au plus vite. Aussi, cela est mauvais : ne le lisez pas. »

Dans une autre conversation, datant celle-ci de 1837, M. de Lamartine me dit tout-à-coup : « On ne me considère que comme un poète, comme un faiseur de vers et l'on est dans une erreur profonde. Depuis bien des années, je me suis occupé constamment et sérieusement des questions sociales et économiques. Si je dois à quelques heureuses inspirations de jeunesse et au hasard une renommée littéraire, je vous assure que j'y attache bien peu d'importance. Mais ce que j'ai à cœur, c'est de passer pour ce que je suis, un homme positif, un homme pratique, en un mot, pour un homme d'affaires. » Ma surprise était profonde en entendant ces paroles, je me contins cependant, mais pas assez pour que mon interlocuteur ne saisit une partie de ma pensée : il s'interrompit en effet un instant, puis reprit avec un certain emportement : « Je le vois bien, vous êtes comme les autres : vous croyez que je ne suis qu'un homme d'imagination, toujours dans les nuages, occupé sans cesse à aligner des vers. » Je protestai poliment. Il continua : « Mais vous même, je suis sûr que dans votre jeunesse vous avez fait des vers... Si vous vous y étiez exercé comme moi, si vous vous étiez appliqué avec ardeur, avec persévérance, vous les auriez fait aussi bien que moi. » Je me mis à rire. « Des vers, dit-il encore, qui est-ce qui n'en fait pas quand il le veut bien ? C'est si peu de chose que ma réputation de poète ; elle ne me touche guère, mais celle à laquelle je tiens infiniment, parce que je sais que je la mérite, c'est celle d'homme spécial, d'homme d'affaires, et je vous dirai que les fonctions pour lesquelles je me sens le plus propre, seraient celles de ministre des finances ou de l'intérieur. » Ces paroles furent prononcées avec gravité et animation. Cette fois, je demeurai impénétrable. C'était une profonde conviction et M. de Lamartine le répéta devant bien des personnes qui me l'ont redit. Or, je ne puis m'empêcher de rapprocher ce souvenir d'un incident qui se produisit pendant cette même session. M. de Lamartine faisait partie de la commission des finances chargée de la rédaction du budget départemental. A la fin de la session, quand tous les crédits sont votés, on suspend un moment la séance pour que la commission puisse se retirer dans son bureau afin d'aligner définitivement les chiffres et présenter le texte que tous les membres doivent signer. Au moment où la commission se rendait dans son local pour ce travail, elle fit appeler M. de Lamartine qui se contenta de répondre : « Que voulez-vous que j'aille faire là, moi qui de ma vie n'ai jamais su faire une addition ? » Et il resta à son fauteuil. Quelques-uns de ses collègues ayant mis en doute cette déclaration, le président prit la peine de répéter et même de nous démontrer qu'il n'avait jamais pu apprendre la première règle de l'arithmétique. Voilà l'homme qui prétendait diriger le ministère des finances !

Depuis son alliance avec la portion avancée du Conseil général, M. de Lamartine se montra son fidèle allié en Saône-et-Loire, alors même qu'à Paris il faisait partie de la majorité ministérielle et soutenait M. Molé ; à Mâcon, il se rapprochait de l'opposition et appuyait de sa parole et de son vote les vœux en faveur de la réforme électorale qui était toujours adopté, parce que ce vœu était présenté à la fin des sessions, au moment où les conservateurs qui formaient la majorité avaient déjà pris la clef des champs, laissant libre carrière à leurs adversaires.

Je veux raconter un incident tout personnel qui montrera la fixité des idées de M. de Lamartine, ou sa bonne foi, comme on voudra envisager la question. Au Conseil général, il s'était attribué une spécialité, la défense des enfants trouvés, ce qui lui donnait chaque année l'occasion de prononcer un magnifique et émouvant discours qui, je n'exagère pas, faisait inévitablement pleurer sept ou huit conseillers. C'était connu. Je n'ai pas envie d'aborder ici la question si complexe des enfants trouvés : je dirai seulement pour la clarté du récit, qu'effrayé en arrivant à Mâcon du nombre de ces malheureux et du chiffre de la dépense qu'ils infligeaient au budget, — 1,450 enfants et 117,000 francs, — je fis voter un crédit de 1,000 francs pour opérer le déplacement de ces petits êtres d'un hospice à un autre, mesure qui, opérée avec prudence, décidait beaucoup de parents à les reprendre; en trois ans, je vis le total des enfants tomber à 900 et celui des dépenses à 72,000 francs ; M. de Lamartine repoussait ce système contre la cruauté duquel il trouvait chaque année des accents nouveaux et plus touchants. Au mois de juillet 1838, il vint me voir un matin pour me prévenir qu'il n'aborderait pas cette fois sa question favorite, résolu à attendre le renouvellement prochain du Conseil qui pourrait amener des membres nouveaux et lui donner, dès lors, l'espoir de pouvoir parler utilement ; qu'à cet égard, je devais être assuré de son silence. Je le remerciai en lui disant qu'il me rendait un réel service en m'épargnant dès lors un travail d'autant plus pénible pour moi, que je ne possédais pas son talent d'orateur. — « Rien n'est plus aisé que de parler, me répondit-il alors : il ne s'agit que de s'y habituer : c'est une faculté que l'on acquiert par l'exercice et je suis arrivé à ce point que je parierais de parler pendant deux ou trois heures sur tel sujet qu'on m'indiquerait. Tout le monde peut en faire autant. »

La session suivit, quelques semaines après cette conversation : on discuta le budget et je vis arriver sans me préoccuper le crédit des déplacements. Il est mis aux voix, quand M. de Lamartine se lève pour déclarer qu'il n'avait pas eu l'intention d'aborder cette fois ce sujet, mais qu'emporté par ses convictions, il n'avait pas été maître de se taire, et il partit de là pour prononcer un long discours, attaquant l'administration avec une extrême violence, faisant l'éloge des filles-mères en avançant résolument qu'elles étaient, en bien des endroits, plus recherchées que les autres comme ayant fait preuve de leur fécondité.

J'étais stupéfait et blessé : je me contins cependant et j'exposai aussi froidement que possible au Conseil la déclaration que m'avait faite l'orateur le mois précédent. Je l'interpellai direc-

tement et à deux reprises il le reconnut. Je demandai donc la remise au lendemain. Je passai la nuit à réunir des documents et j'eus la satisfaction d'obtenir l'assentiment du Conseil général.
— Dans une autre circonstance, plus importante, M. de Lamartine donna encore un plus triste exemple de sa légèreté, pour ne pas dire plus. L'incident suivant montre en effet, sous un jour nouveau, le caractère de M. de Lamartine et indique nettement quelle confiance on devait avoir en lui.

On sait qu'en 1837, le comte Molé commit la faute — à mon avis — de dissoudre la Chambre, se croyant assez fort pour faire un appel au pays, au lendemain de l'amnistie qui avait été si mal accueillie par ceux qui en bénéficiaient, et du mariage de Mgr le duc d'Orléans. En 1834, M. de Lamartine avait été élu à Mâcon-ville et à Bergues et il avait opté pour ce dernier collège, quoique sachant d'avance que son choix ferait entrer à la Chambre M. Mathieu, membre de l'Institut, beau-frère d'Arago et démocrate comme lui. En 1837, nous pensâmes naturellement à présenter M. de Lamartine pour évincer M. Mathieu. Mais, avide de notoriété, M. de Lamartine, pour renoncer à Bergues, exigeait son élection dans les deux collèges de Mâcon. Cette combinaison dérangeait tout plan possible, d'autant plus que le candidat se montrait aussi incertain qu'irrésolu, affectant de répéter partout qu'il ne se présenterait pas, mais se laisserait porter par ses amis. Le ministre voyait avec regret ce danger et me pressait d'agir pour le faire comprendre à M. de Lamartine (12 octobre). Celui-ci ne vit que mon secrétaire général, — j'étais en tournée de révision — qui chercha vainement à lui faire voir que son attitude compromettait toutes les chances du candidat conservateur pour le collège *extra muros*. M. de Lamartine en convint volontiers, reconnut que le concurrent de gauche ferait les affaires de l'opposition, mais, se retrancha dans la nécessité où il était, pour renoncer à Bergues, de remporter un succès imposant dans son département. « Si j'obtiens ainsi une double élection, dit-il, j'accepterai pour mon pays et le gouvernement aura évité un député de l'opposition. » On essaya vainement de lui faire remarquer quelle situation fausse il créait à M. de la Charme, son ami, qui n'aurait qu'une candidature en l'air ou de pis aller. M. de Lamartine persistait toujours, tout en laissant échapper qu'après son double succès il choisirait le collège de Mâcon et alors appuierait son ami dans le collège *extra muros*. Mon secrétaire général saisissant cette parole au vol, demanda s'il pouvait en faire usage officiellement. Son interlocuteur battit aussitôt en retraite. « Permettez, s'écria-t-il, s'il se présentait un ami pour lequel j'eusse plus d'affection ou dont les opinions fussent plus conformes aux miennes, il se pourrait que je me laissasse aller à l'appuyer ; mais cet ami, je ne le vois pas et il ne surgira pas comme un champignon. » (Textuel). Il fut impossible de rien tirer de plus positif : sous prétexte d'indépendance, M. de Lamartine recherchait un triomphe personnel et ne s'occupait pas du reste. M. Molé cependant lui adressa une lettre pressante pour le prier de ne pas créer une pareille difficulté électorale. M. de Lamartine vint la montrer encore à mon secrétaire général, en ayant soin de le prévenir que sa réponse, constatant son inébranlable résolution, était partie auparavant. De guerre lasse, le ministère me donna l'ordre d'accepter sa double candidature, et il ne pouvait réellement faire autrement, dans son intérêt, en face de l'impérieuse exigence du candidat ; mais je ne puis dire les efforts qu'il fallut pour faire sortir le même jour, le nom de M. de Lamartine des deux urnes de Mâcon, quand on songe qu'en 1834, les électeurs du collège *extra muros* ne lui avaient donné que 98 voix sur 226 : surtout pour leur faire comprendre l'étrange combinaison qui nous était imposée : M. de Lamartine ne cachait pas en effet qu'il opterait, en cas de succès, pour Mâcon-ville et je dois à la vérité d'ajouter que plus d'un votant *extra muros* ne se décida à nous imiter qu'en échange de cette assurance. Le désintéressement montré par M. de La Charme avait grandement accru les sympathies en sa faveur. Et ce désintéressement était d'autant plus réel, qu'élevé dès l'enfance avec M. de Lamartine, il n'avait qu'une médiocre confiance dans les promesses de concours que celui-ci lui prodiguait à ce moment.

M'étant rendu à Paris après la double élection réussie, j'eus occasion de voir M. Thiers, qui me demanda beaucoup de détails sur les intrigues auxquelles elles avaient donné lieu. Après m'avoir entendu en silence, contrairement à son habitude, M. Thiers me formula ainsi nettement son impression : « Il n'y a pas à l'applaudir de cette double élection : c'est une détestable combinaison et M. de Lamartine est le plus détestable choix que l'on ait pu faire. »

Le 22 février 1838 eut lieu l'élection nécessitée par l'option de M. de Lamartine. L'académicien Mathieu se présenta contre M. de la Charme qui, passablement découragé, avait, dès le début, singulièrement paralysé les efforts de l'administration, en se refusant à faire aucune visite. Le parti légitimiste, pour combattre le gouvernement, conseilla, par une lettre de Berryer, de soutenir la candidature radicale. M. de Lamartine acheva la ruine de nos chances en affectant subitement une indifférence absolue : il vint présider le collège ; mais il fit bien plus de mal à son ami en ne disant pas un mot, n'écrivant pas une ligne en sa faveur : son attitude permit de laisser croire que le succès du républicain ne l'affligerait pas : il lui adressa au contraire un mot affectueux dont on se servit à la dernière heure et nul ne douta qu'il ne désirât l'échec de M. de la Charme afin d'accaparer pour lui seul toute influence politique à Mâcon. Cette lettre que m'écrivit alors M. de Lamartine ne doit laisser aucun doute à mes lecteurs :

« Monsieur, je viens d'apprendre que les chances de M. de la Charme, sans être atténuées, n'étaient pas certaines. Je sais qu'on lui oppose un candidat sérieux et pour lequel j'aurais moi-même un extrême penchant comme homme en toute autre circonstance. Mais je n'hésite pas à aller porter loyalement mon suffrage aux amis politiques de M. de la Charme qui m'en ont eux-mêmes si obligeamment apporté soixante. Je partirai jeudi ou samedi, sauf impossibilité de santé réelle et absolue. Je vous prie de ne laisser mêler en rien mon nom à la polémique hostile contre M. Mathieu. Je serais obligé de démentir publiquement ce qui aurait été dit. La lutte doit être loyale et polie de ma part contre un patriote estimable. » — Mais cette attitude était-elle loyale envers un ami qui venait de s'effacer avec un désintéressement assurément rare en politique ?

Voici, du reste, de quelle manière M. de Lamartine croyait, peut-être de bonne foi, acquitter sa dette de reconnaissance envers M. de la Charme. Toutes les personnes qui favorisaient habituellement l'élection de M. de Lamartine, tous les jeunes gens qui lui étaient dévoués, tous ceux qui lui obéissaient et pour lesquels il était une sorte d'oracle, avaient ouvertement, cette fois, travaillé pour M. Mathieu. Lui-même, un jour que je lui faisais sentir, peu avant le 22 février, le tort que sa froide réserve causait à son ami, me répondit : « Qui sait si pour moi je n'en ai pas déjà trop fait ? » Et j'ai su plus tard que publiquement il avait encore dit des choses plus défavorables. Je laisse au lecteur la liberté de conclure, mais je ne puis m'empêcher de dire : cette délicatesse de sentiments, cette noblesse de caractère, cette loyauté chevaleresque, cette chaleur de cœur, que reflètent de beaux vers, tant d'éloquents discours, existaient-elles dans M. de Lamartine, ou bien n'étaient-elles que des cordes d'un instrument merveilleusement harmonieux qu'un artiste habile savait faire vibrer au gré de son imagination, de son intérêt et de son amour-propre ?

Un mot encore, ou plutôt un souvenir. J'ai reproché à M. de Lamartine d'avoir conspiré : je crois devoir justifier mon assertion, surtout parce que j'ai entendu bien des personnes soutenir qu'en février 1848, M. de Lamartine n'avait été qu'entraîné. D'abord l'idée seule de l'histoire des Girondins ne pouvait venir qu'à un révolutionnaires ; la publication de cet ouvrage est un véritable acte de conspirateur, et M. de Lamartine comprenait mieux que personne la portée de son œuvre. Mais je retrouve dans ma mémoire un souvenir bien plus précis sur la coopération du grand poète à la naissance de la République, pendant que les niais banquetaient et acclamaient la Réforme.

Ne pouvant concevoir, au lendemain de la Révolution de février, qu'en une heure un gouvernement solide fut tombé sans avoir été sérieusement attaqué et sans avoir essayé de se défendre, j'allais passer trois jours à Paris pour m'éclairer. Le 6 mars je rencontrais une personne avec laquelle j'étais lié depuis 1834 et qui a suivi les diverses évolutions de M. de Lamartine depuis sa jeunesse; bientôt la conversation tomba sur M. de Lamartine, sur le rôle qu'il venait de jouer et sur sa position actuelle. Je me refusai à croire, malgré l'opinion que je m'étais faite de lui, que M. de Lamartine eût été initié à la conspiration. Je voulais expliquer tout ce qu'il avait fait par les excitations spontanées de son ambition, la mobilité de son caractère, l'entraînement des circonstances. Mon ami et sa femme souriaient en m'entendant; lui, enfin, me dit ce qui suit ; je suis absolument sûr de ce récit, que j'écrivis en rentrant chez moi : « Vous savez que je suis lié de tout temps avec Lamartine, aussi venait-il passer quelquefois la soirée avec nous. Le samedi qui a précédé les événements, il est resté à la maison jusqu'après minuit. Comme à son ordinaire il a beaucoup parlé, surtout des banquets et des mouvements qui étaient imminents. Nous l'écoutions avec étonnement, mais sachant combien il était enclin à s'abandonner à ses inspirations et aux idées qu'il caresse dans le moment, nous n'avions pas alors attaché à ses prophéties, — car il avait l'air d'annoncer l'avenir avec certitude, — toute l'importance qu'elles auraient eues, si nous n'avions pas été habitués à le voir présenter ses désirs comme des faits accomplis. Déjà même s'effaçait l'impression produite sur nous quand la Révolution éclata. Sa naissance, sa marche, ses progrès réveillèrent aussitôt tous nos souvenirs de la conversation du samedi, et nous fûmes frappés d'étonnement, presque de stupeur, en nous rappelant la précision avec laquelle tous les événements auxquels nous assistions nous avaient été décrits d'avance, jour pour jour. Ce n'était pas un oracle toujours plus ou moins obscur, plus ou moins vague, qui nous avait renseigné, mais bien un récit exact, circonstancié de ce que nous voyions. Je me souviens même alors qu'ayant interrompu Lamartine pour lui dire : « Mais si le Roi abdique, ou si sa déchéance est déclarée, vous établirez donc la Régence ? » Il me répondit sans hésiter : « Au point où en sont les choses, la Régence même avec Madame la duchesse d'Orléans n'est déjà plus possible. » Aussi suis-je bien convaincu que Lamartine était au moins instruit de tous les projets des conspirateurs ».

Nous ne conclurons pas, mais je suis certain d'avoir rapporté exactement les faits que me narrait M. D., et que sa femme confirmait pendant qu'il parlait.

Ces souvenirs se terminent avec ces lignes. Nous n'ajouterons que quelques mots pour faire connaître les dernières années de leur auteur.

M. de Barthélemy, après avoir quitté Troyes au lendemain de la Révolution de février, se retira à Châlons-sur-Marne : il fut élu, sans s'être présenté et pendant qu'il était absent du département de la Marne, membre du Conseil général pour le canton de Ville-sur-Tourbe au mois d'août 1848 et il prit une part active aux travaux de l'assemblée départementale, où il siégea jusqu'en 1852, n'ayant pas cru devoir solliciter le renouvellement de son mandat à cette date. Au mois de mai 1849, ses concitoyens l'avaient choisi pour présider le Comité central conservateur du département pour les élections à l'Assemblée législative. Au mois d'août 1853, il fut nommé maire de la commune de Courmelois (Marne) où était sa résidence d'été et il exerça ces fonctions jusqu'à sa mort, arrivée à Châlons, le 23 décembre 1868.

Il était commandeur de l'ordre de la Légion d'honneur et de l'ordre d'Isabelle la Catholique, médaillé de Sainte-Hélène à cause de la part qu'il avait prise au siège d'Hambourg, comme officier de la garde nationale mobilisée ; il avait reçu les décorations de l'ordre de la Réunion et de l'ordre du Lys.

# TABLE DES MATIÈRES

|   | Pages |
|---|---|
| Avant-propos............................. | v |

CHAPITRE PREMIER. — Enfance. — Révolution. — Jeunesse. — Séjours à Coiffy, à Toul. — Débuts de carrière à Mayence. — M. Reiset, receveur général (1787-1806)............. 9

CHAPITRE II. — Aix-la-Chapelle. — Alex. de Lameth. — Madame Sophie Gay. — Séjour à Paris. — Le comte de Cetto. — Le maréchal Oudinot. — Une erreur de la police. — Le roi de Bavière. — Démarches pour être admis au Conseil d'Etat. — Nomination d'Auditeur. — François de Neufchâteau. — Le comte Defermon. — Le baron Quinette (1806-1811)...... 35

CHAPITRE III. — M. de Montalivet. — Sous-Préfecture de Lunebourg. — Le prince d'Eckmühl. — Les suites de la retraite de la grande armée dans le département des Bouches-de-l'Elbe. — Siège et blocus d'Hambourg (1811-1814)....................................... 69

# TABLE DES MATIÈRES

Pages

CHAPITRE IV. — Retour en France. — La Restauration. — Le baron Louis. — Sous-Préfecture de Lille. — Les Cent-Jours. — Seconde Restauration. — Première disgrâce. — Monseigneur de Pradt. — Sous-Préfecture de Sainte-Menehould. — Le monument de Valmy. — Seconde disgrâce (1814-1822).....  101

CHAPITRE V. — M. Royer-Collard............  125

CHAPITRE VI. — Révolution de Juillet 1830. — Préfecture de Maine-et-Loire. — Les royalistes. — Un banquet séditieux. — Je suis accusé d'être chouan. — Don Pedro. — Préfecture de Saône-et-Loire. — M. de Lamartine. — Préfecture de la Haute-Saône. — Mgr Mathieu. — Préfecture de la Loire. — Préfecture de la Charente-Inférieure. — Le baron de Chassiron. — La comtesse douairière Duchâtel. — Préfecture de l'Aube. — Un bon mot du roi Louis-Philippe. — La maison centrale de Clairvaux. — Révolution de 1848 (1830-1848).  149

CHAPITRE VII. — M. de Lamartine d'après mes relations avec lui ..................  189

---

Arcis-sur-Aube. — Imp. Léon Frémont.

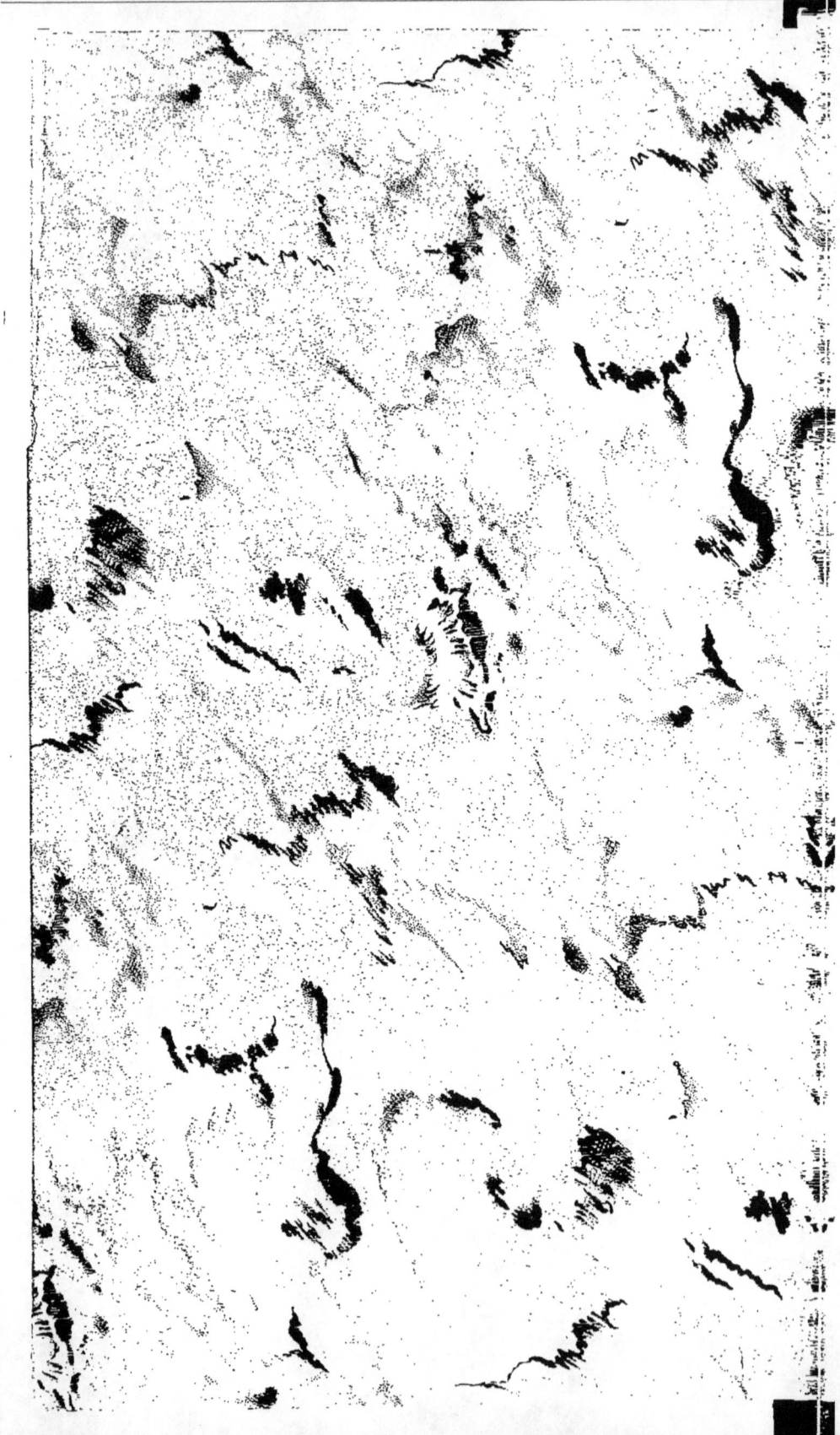

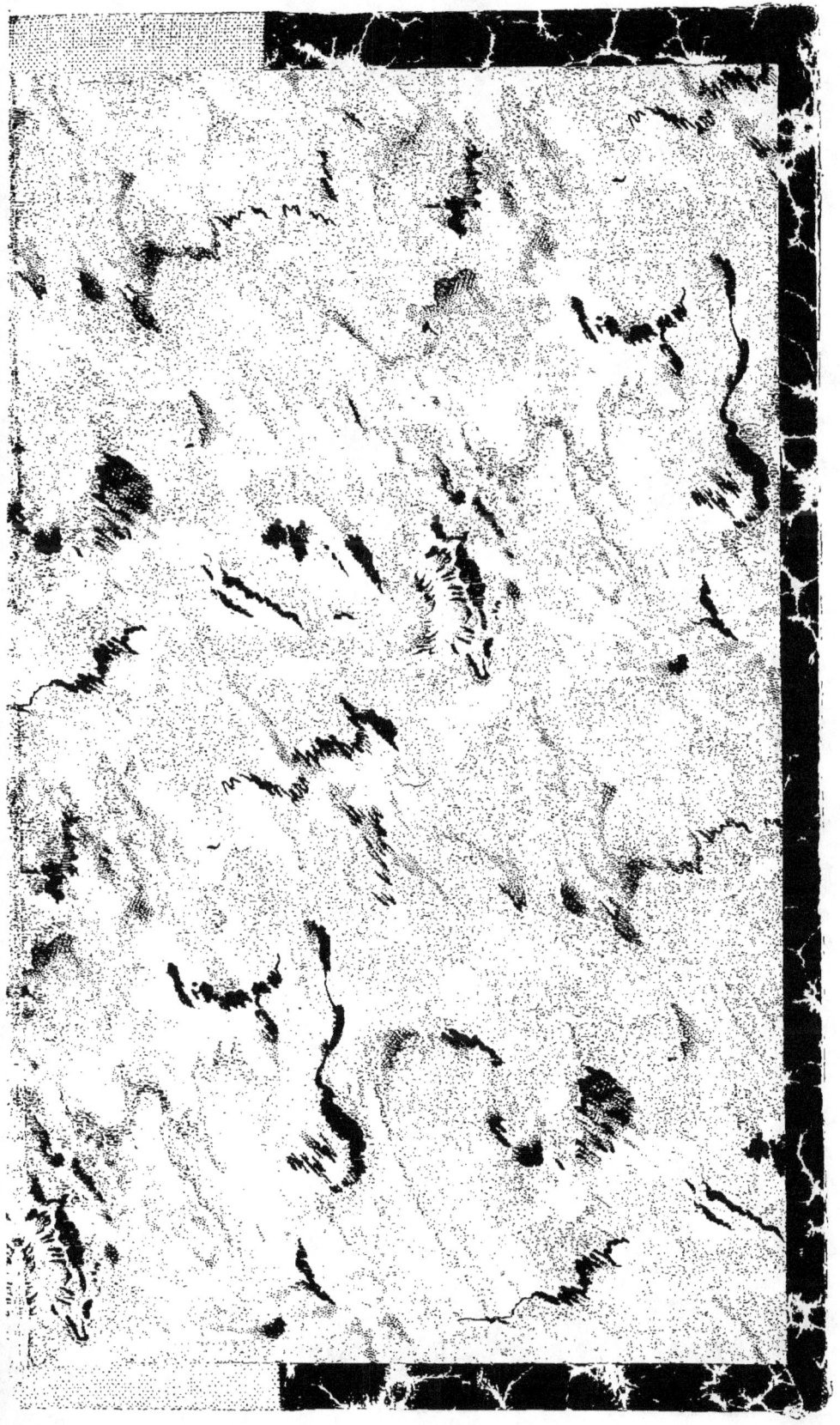

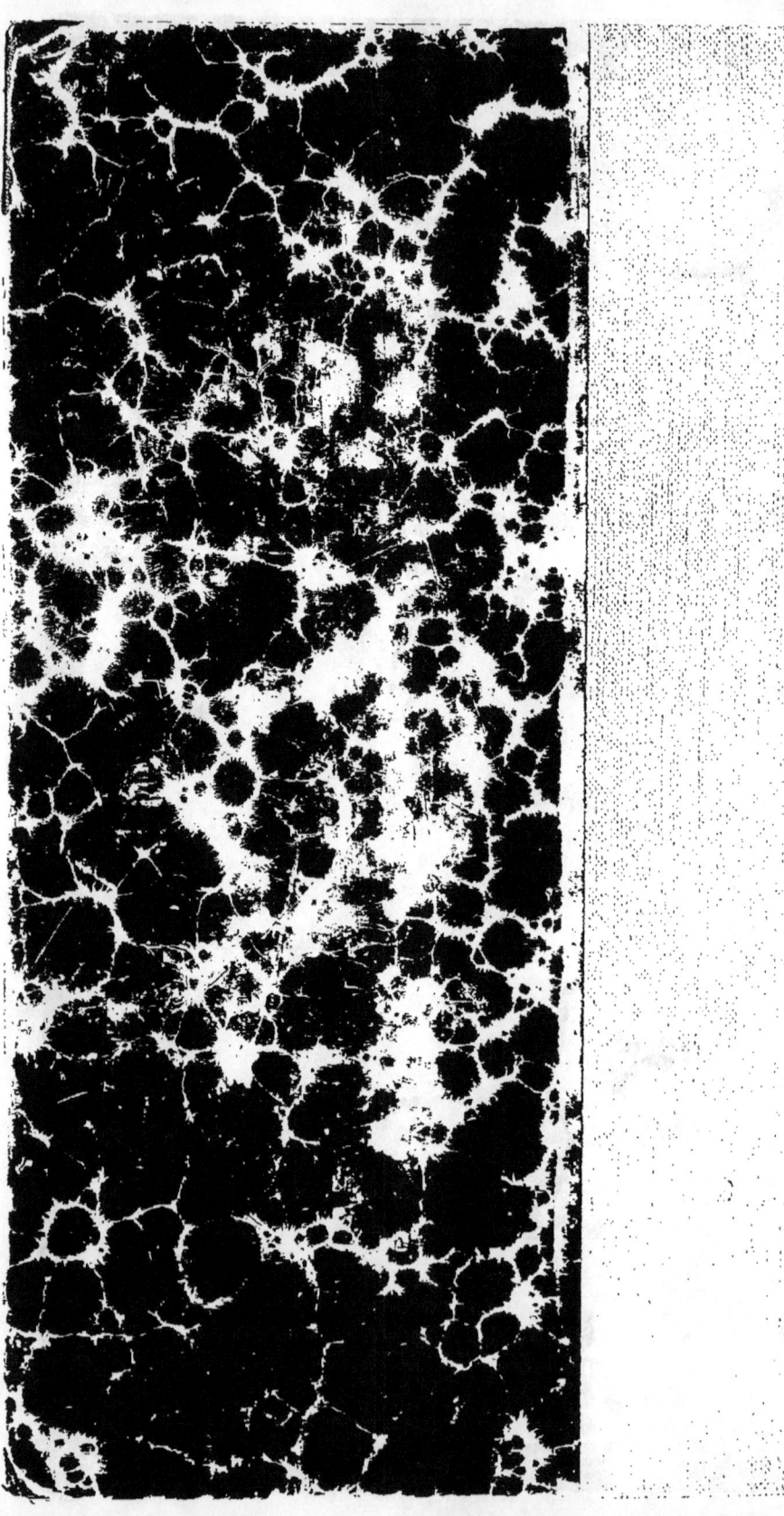

www.ingramcontent.com/pod-product-compliance
Lightning Source LLC
Chambersburg PA
CBHW071948160426
43198CB00011B/1593